VIE DE M. DE LA MOTTE.

A LA MÊME LIBRAIRIE :

BIBLIOTHÈQUE INSTRUCTIVE ET ÉDIFIANTE.

Volumes in-12 ornés d'une vignette.

ANECDOTES CHRÉTIENNES, par l'abbé Reyre. 2 vol.
BIBLE DE FAMILLE, ou histoire de l'ancien Testament.
DÉCOUVERTES (les) les plus utiles et les plus célèbres.
ÉCOLE (l') DES JEUNES DEMOISELLES. 2 vol.
FRANCE (la) CHRÉTIENNE, par Maxime de Mont-Rond.
GUERRIERS (les) les plus célèbres de la France.
HISTOIRE DE CHRISTOPHE COLOMB, par le même.
HISTOIRE DE PIERRE D'AUBUSSON.
HISTOIRE DES PLUS CÉLÈBRES MARINS.
HISTOIRE DE THÉODOSE-LE-GRAND, par Fléchier.
HISTOIRE DE TURENNE.
HISTOIRE DU CARDINAL DE BÉRULLE.
HISTOIRE DU CHEVALIER BAYARD.
HISTOIRES ÉDIFIANTES ET CURIEUSES, par Baudrand.
JOSEPH, ou le vertueux ouvrier.
MARIE, ou la vertueuse ouvrière.
MODÈLES DE PERFECTION CHRÉTIENNE.
NOUVELLE MORALE EN ACTION.
VIES DE S. BERNARD, de S. Dominique, etc.

Lille, Imp. de L. Lefort. 1849.

Lille, chez L. Lefort.

VIE

DE M. D'ORLÉANS

DE LA MOTTE

ÉVÊQUE D'AMIENS

PAR M. L'ABBÉ PROYART

NOUVELLE ÉDITION

REVUE, CORRIGÉE, ET ORNÉE D'UN PORTRAIT.

Dilectus Deo et hominibus. Eccl. ch. 45, v. 1.

LILLE.

L. LEFORT, IMPRIMEUR-LIBRAIRE,

RUE ESQUERMOISE, 55.

1849.

Tous ceux qui pratiquent la piété chrétienne n'ont pas le talent de la montrer aux autres sous les traits aimables qui lui sont naturels et qui la font goûter. Il n'est même que trop ordinaire que la piété prenne en eux une teinte de leurs caractères qui lui est peu favorable. Sont-ils d'un naturel inquiet, âpre ou altier? la piété, qui n'est rien de tout cela, qui ne tend même qu'à détruire en nous ces défauts, ne laisse pas d'en contracter un faux air qui la déprécie, et qui indispose au lieu de provoquer l'émulation. On se sent peu touché des vertus d'un homme auquel on ne voudrait pas ressembler, et c'est pour cela que tant de personnes, en pratiquant la piété, sont si peu propres à étendre son règne en la faisant aimer. Ce n'est cependant pas un simple conseil de perfection dans la vie chrétienne de travailler à édifier le prochain, rien de plus formel que le précepte qui nous charge mutuellement les uns des autres, et qui nous enjoint à tous de montrer aux hommes des vertus pures et lumineuses qui les invitent à glorifier le Père céleste. On n'est donc vertueux qu'à demi, si toutefois on peut l'être, quand on ne l'est que pour soi; comme au contraire on ne l'est jamais plus avantageusement pour soi-même, que lorsqu'on l'est avec plus d'extension et d'utilité pour les autres : d'où l'on peut conclure que, s'il est important pour l'Eglise de Jésus-Christ que ses enfants soient formés à la piété, il l'est beaucoup plus encore que leur piété, exempte des travers qui la dégradent, soit aussi sage dans sa ferveur qu'aimable dans son zèle.

C'est pour offrir à la nation le plus beau modèle en ce genre qu'ait produit notre siècle, que je publie la vie de M. de la Motte. Je l'ai écrite sur des mémoires sûrs et respectables, et sous les yeux d'un peuple entier de témoins dont aucun ne me démentira. Aussi ne doutéje pas que cet ouvrage ne reçoive le plus favorable accueil, qu'il devra non pas sans doute à la forme que nous lui donnons, mais au fonds précieux et intéressant qu'il renferme. Il plaira sûrement à la classe des lecteurs qui aiment la religion, et quelquefois peut-être encore à ceux qui auraient conçu d'injustes préjugés contre elle. Il deviendra le livre des jeunes ecclésiastiques qui aspirent à la perfection de leur état, et le livre de tous les prêtres qui voudront s'encourager, par de grands exemples, aux vertus sacerdotales. Nos prélats les plus respectables trouveront eux-mêmes à s'édifier, dans un ensemble touchant de vertus qui ne leur sont point étrangères. Ils protégeront un ouvrage destiné à rappeler des devoirs qu'ils aiment, et à consacrer la mémoire d'un confrère révéré dans son corps, chéri dans son diocèse, et proclamé par la France entière l'ornement de l'Eglise gallicane et l'édification de son siècle.

Nous avons distribué cet ouvrage en quatre livres.

Dans le premier nous suivons M. de la Motte depuis sa naissance jusqu'à la fin de son cours théologique. Cette époque de sa vie intéressera d'abord par la candeur et les pieuses inclinations du jeune âge, et ensuite par l'heureux assemblage de toutes les vertus cléricales.

Le second livre rappellera aux ministres de la religion l'usage qu'ils doivent faire, en faveur de l'Eglise, des talents et des vertus qu'ils lui ont consacrés; et M. de la Motte leur offrira, dans divers emplois importants du sacerdoce, un modèle de conduite toujours sûr et propre à leur inspirer une louable émulation.

Dans le troisième livre, M. de la Motte, élevé à l'épiscopat et dans l'exercice de toutes les fonctions du ministère apostolique, paraîtra également digne de servir de guide à tous les pasteurs des âmes, et d'exemple aux plus saints évêques.

Le quatrième livre enfin, en montrant l'évêque d'Amiens dans sa vie privée et dans ses relations particulières avec le monde, offrira un riche fonds d'instructions aux personnes de toutes les conditions qui aiment à réfléchir sur l'étendue des devoirs que leur impose la sainteté du nom chrétien.

VIE DE M. DE LA MOTTE.

LIVRE PREMIER.

Louis-François-d'Orléans de la Motte naquit à Carpentras, ville du comtat d'Avignon, le 13 janvier 1683, jour de saint Firmin, premier évêque d'Amiens; ce qui lui faisait dire dans la suite que le ciel, à sa naissance, lui avait donné pour patron celui dont il devait être le successeur. Son père fut Joseph d'Orléans de la Motte, et sa mère, Ursule de Blegiers d'Antelon. La maison d'Orléans, originaire de Vicence dans les états de Venise, est très-ancienne; et, depuis plusieurs siècles, elle est connue dans l'histoire de Malte par un nombre de chevaliers et de commandeurs qu'elle donna à cet ordre. Octavien d'Orléans, l'un des ancêtres de M. de la Motte, fit en 1445 l'acquisition de la terre de Bédouin, dans le comtat d'Avignon; et, dans l'hommage qu'il rend au pape comme seigneur suzerain de cette terre, il est qualifié *homme noble et puissant*. Aussi la maison d'Orléans est-elle classée parmi les plus distinguées de la noblesse du comtat. Mais les parents de M. de la Motte lui transmirent encore, ce qui est préférable à la noblesse des ancêtres, celle des sentiments et de la vertu, qui fut aussi comme héréditaire dans sa famille.

Le jeune Louis annonçait, dans ses premières années, une vivacité, on pourrait dire une pétulance extraordinaire ; et nous verrons que ce fonds de caractère servira toute sa vie d'exercice à sa vertu. Il était passionné pour les jeux, les courses et tous les exercices bruyants. A l'âge de quatre à cinq ans, il fut témoin, et il eût pu être acteur de la scène la plus tragique. Il jouait au métier de la guerre avec de petits camarades de son âge et ses parents. Chacun s'était armé de ce qui lui était tombé sous la main ; l'un d'eux, porteur d'un pistolet chargé à balles, le décharge à l'aventure et tue son cousin. La troupe joyeuse, au bruit de l'arme, s'approche pour féliciter celui qui savait si bien la manier, et tous sont fort étonnés de voir leur petit parent sans vie et baigné dans son sang. M. de la Motte racontait encore, dans sa vieillesse, que ce spectacle d'horreur lui était aussi présent, que le jour où il en avait été témoin.

Pour donner un aliment utile à la vivacité naturelle de son fils, M. de la Motte crut devoir l'appliquer de bonne heure à l'étude. Cet homme respectable, père de huit enfants, regardait comme le premier de ses devoirs de veiller par lui-même à ce qu'ils fussent bien élevés. Ses soins ne furent pas infructueux. Tous lui donnèrent de la consolation, sans qu'aucun d'eux lui eût occasionné le moindre chagrin. L'éducation que reçut le jeune Louis, n'eut rien ni de la mollesse ni de la frivolité de celle que reçoit aujourd'hui notre jeune noblesse au coin des foyers paternels. Dès l'âge de sept ans, et quoiqu'il fût d'une complexion fort délicate, on l'obligeait à se lever de grand matin pour satisfaire à ses devoirs scolastiques et aller ensuite en classe. Il lui était survenu, pendant un hiver, une incommodité aux jambes, qui l'empêchaït de marcher et de se rendre au collége; M. de la Motte l'y faisait porter soir et matin par un de ses domestiques. Quelle mère aujourd'hui n'accuserait pas un tel père de cruauté? Ce fut cependant par cette éducation si éloignée de nos mœurs actuelles, ce fut par une continuité d'exercices utiles et par l'usage d'une nourriture simple et commune, que M. de la Motte parvint, contre toute apparence, à former à son fils une constitution saine et robuste, qui le rendit capable de soutenir dans la suite le poids des plus grandes fatigues, et jusqu'à la plus extrême vieillesse.

Le jeune Louis, au caractère vif et bouillant qui le distinguait de tous les enfants de son âge, joignait des inclinations nobles et généreuses. Il était très-capable de faire des fautes, il en faisait même assez souvent; mais il ne savait ni les pallier par artifice, ni les couvrir par un mensonge ; il avait le courage de les avouer sans détour ; il ne mentit jamais. Comme on l'avait accoutumé de bonne heure à ne faire sa volonté que lorsqu'elle était conforme à la raison, on ne le voyait ni exiger impérieusement, comme nos enfants mal élevés, ni demander avec importunité, ni s'irriter et marquer de l'humeur pour un refus. Docile aux avis, prompt à l'obéissance, il se montrait officieux et complaisant dans sa famille, doux et honnête envers tous et dans toutes les occasions. Aussi serait-il difficile de dire de qui il était plus tendrement aimé, de son père et de sa mère, de ses frères et sœurs, ou de ses maîtres. Déjà les parents le proposaient pour modèle à leurs enfants, et ceux-ci recherchaient à l'envi son amitié. Doué d'un bon cœur, et sans expérience encore, il se serait livré à tous sans défiance; mais son père était d'une attention scrupuleuse à éloigner de lui tout ce qui eût pu altérer son innocence, ou porter la moindre atteinte à ses heureuses inclinations. Il ne sortait jamais seul de la maison paternelle; il ne recevait ni ne faisait aucune visite sans être accompagné. On lui avait désigné un nombre de camarades avec lesquels il lui était permis de faire société, il n'en voyait point d'autres. Des parents insouciants négligent ces attentions comme trop gênantes; mais un père sage et religieux les regarde comme le premier de ses devoirs et le garant du bonheur futur de ses enfants, auquel le sien est essentiellement lié.

M. de la Motte voyait fructifier de jour en jour les soins qu'il se donnait pour l'éducation de son fils : toutes les leçons que recevait cet enfant de bénédiction étaient des semences de vertus. La piété s'empara bientôt de son cœur, et il en offrait déjà des exemples aux autres, dans un âge où on l'aurait à peine cru capable d'en recevoir lui-même. Sa modestie et son recueillement dans les églises étaient remarquables. La majesté de nos cérémonies religieuses fixait toute son attention. Sans qu'il comprît encore ce qu'elles signifiaient, il les trouvait belles; elles parlaient à son cœur, et il aimait, après s'en être édifié, à les retracer jusque dans les jeux de son enfance.

Cependant, dès l'âge de neuf ans, le jeune Louis, qui avait déjà fait plusieurs de ses classes au collége de Carpentras, fut jugé assez raisonnable et assez vertueux pour être admis à recevoir la tonsure. En faisant ce premier pas vers un état dont son enfance ne pouvait apprécier ni les devoirs ni la grandeur, il sentit néanmoins qu'il contractait une obligation plus étroite de tendre à la sainteté; il prit dès-lors, suivant la portée de ses lumières, les moyens les plus sages pour y arriver, et le Dieu protecteur de l'enfance vertueuse bénit la disposition de son cœur.

Bientôt rien en lui ne se ressentit plus de la légèreté de son âge : toutes ses actions étaient animées par des motifs surnaturels. S'il priait avec attention, s'il étudiait avec application, s'il remplissait avec ardeur tous les devoirs d'un bon écolier, c'était en vue de Dieu, et pour se rendre digne d'un état qui exige tout à la fois des talents et des vertus. L'ensemble d'une conduite si sage frappait tous les regards et laissait entrevoir aux plus clairvoyants ce je ne sais quoi de touchant et d'extraordinaire qui n'appartient qu'aux âmes privilégiées, et qui trahit quelquefois, dès l'enfance, le secret de leur future grandeur. On raconte qu'un grave et saint personnage, témoin des petites contradictions qu'une personne se plaisait à faire essuyer au nouveau tonsuré, l'en reprit en lui disant : « Vous ne voyez donc pas que, dans la personne de cet enfant, vous molestez un grand évêque. »

Ce fut dans ces heureuses dispositions, et dans les sentiments actuels de la plus grande ferveur, que notre jeune étudiant fit sa première communion, n'ayant pas encore atteint sa douzième année. Le fruit qu'il retira de cette importante action répondit à la préparation qu'il y apporta.

Il parut depuis ce moment discerner et goûter mieux que jamais les choses de Dieu. Ses idées sur la religion s'élevèrent et s'agrandirent, et en s'occupant de sa propre perfection, il sentit s'allumer en lui le zèle du salut des âmes. Ceux de ses condisciples qu'il avait jusqu'alors évités par prudence, il commença à les rechercher par charité; et ses parents connaissaient assez la solidité de sa vertu pour ne pas craindre qu'il la compromît. Admis dans la congrégation des écoliers, établie dans le collége qu'il fréquentait, il y fut d'abord admiré comme un modèle, et bientôt respecté comme un maître. L'esprit des congrégations, chez les jésuites, était d'inspirer le goût et l'émulation de la vertu. C'est dans ces pieuses associations que se formaient un nombre de sujets éminents en piété, qui servaient également la religion et l'état, dans la classe des citoyens destinés à donner le ton dans la société. Le jeune de la Motte était l'âme de sa congrégation par la confiance qu'il inspirait à tous. Si un écolier du collége avait besoin d'un avis salutaire, s'il s'agissait de retirer un camarade des sentiers du vice, ou d'empêcher qu'un autre ne s'y engageât, c'était à lui qu'on s'adressait; c'était à son avis qu'on s'en tenait; et pour l'ordinaire, c'était lui-même qu'on députait pour ce ministère de charité. Il s'en chargeait de bonne grâce, il le suivait avec prudence, et le remplissait parfaitement bien. Personne, en effet, ne pouvait prêcher plus éloquemment la vertu aux jeunes gens, qu'un jeune homme qui la rendait si aimable dans toute sa conduite. Son abord était prévenant. Une douce gaieté animait ses discours; et si l'on recevait un avis de sa part, on sentait qu'il partait d'un cœur ami. Il arrivait cependant quelquefois qu'un condisciple ne l'écoutait pas lorsqu'il lui parlait de Dieu; alors il s'adressait à Dieu pour lui parler de son condisciple; il lui offrait pour lui ses prières, ses communions, toutes les bonnes œuvres dont sa vie était remplie. Il engageait ses amis à faire la même chose; et son zèle, aussi constant qu'il était généreux, triomphait enfin des obstacles, et lui assurait parmi ses condisciples autant de conquêtes qu'il en entreprendrait.

La charité, lorsqu'elle est selon Dieu, fait sentir au plus jeune âge qu'il doit d'abord songer à lui-même et s'occuper de sa propre perfection avant de travailler à celle des autres. Aussi l'abbé de la Motte, n'étant pas encore âgé de quinze ans, connaissait déjà par l'usage les plus saintes pratiques de la vie intérieure. Il savait dès-lors comment l'âme fidèle se rend Dieu présent partout, comment elle sanctifie ses moindres actions, comment elle grossit sans cesse le trésor de ses bonnes œuvres. Tous les jours, il s'édifiait par la lecture et la méditation des vérités du salut, moyen efficace de connaître ses devoirs et de régler ses actions. Il avait l'avantage d'un excellent conseil dans une sœur plus âgée que lui, religieuse ursuline à Carpentras. Il la voyait souvent, toujours pour s'entretenir avec elle des choses de Dieu; et l'on ne saurait dire qui des deux, de la religieuse ou du jeune étudiant, était le plus utile à l'autre pour son avancement spirituel. Mais ce qui contribua le plus efficacement sans doute à affermir la piété de l'abbé de la Motte et à le préserver des écueils de la jeunesse, ce fut sa fidélité à chercher sa force dans un saint et fréquent usage de la communion. Il fut à cet égard un modèle dans le collége, il en fut un au séminaire, dans le sacerdoce et dans l'épiscopat.

Parmi les inclinations vertueuses qui annonçaient le bon cœur du jeune homme, on avait distingué de bonne heure sa compassion pour les pauvres et les malheureux; il leur marquait en toute rencontre son empressement à les soulager. La charité semblait lui être naturelle, et il la pratiquait avant de savoir qu'elle fût une vertu. Cet heureux penchant, fortifié par la religion, passa souvent les bornes de la prudence humaine. Plus d'une fois il lui arriva, après avoir donné aux pauvres tout l'argent dont il pouvait disposer, de leur donner encore ses habits. Sa mère, lorsqu'elle visitait sa garde-robe, lui demandait ce qu'il en avait fait; il le lui racontait, et toujours d'une manière si ingénue et si chrétienne, que la bonne dame, qui avait commencé par le gronder, finissait par l'admirer. Cet esprit de charité alla toujours croissant; et ce qu'avait fait d'abord le jeune écolier, le vertueux ecclésiastique le faisait ensuite. S'il rencontrait un pauvre nu, et qu'il n'eût plus rien à donner, il se dépouillait de ses habits de dessous pour l'en revêtir.

L'abbé de la Motte, après avoir fait ses humanités avec distinction, commença son cours de philosophie, le suivit avec la même application, et y obtint les mêmes succès. Plus courageux en cela et plus sage que la plupart de nos jeunes gens, dont le premier pas dans cette nouvelle carrière est souvent une chute dans leurs études, il commença par dévorer la sécheresse des premiers éléments; et, dès qu'il eut écarté les ronces qui bordent le champ de la philosophie, une heureuse expérience lui apprit que les fruits précieux qu'on y moissonne, ne laissent point de regrets sur les fleurs de la rhétorique.

Après qu'il eut fini son cours et soutenu une thèse générale avec applaudissement, il alla étudier la théologie à Avignon, où il passa deux ans au collége des jésuites. Il employa particulièrement ce temps à examiner sa vocation, qu'il ne croyait nullement décidée par la tonsure qu'on lui avait donnée dans son enfance, et encore moins par la perspective de la protection du saint siége, sur laquelle il pouvait assez compter, ayant un frère à Rome, officier au service du pape.

Dès qu'il crut reconnaître que la Providence l'appelait à l'état ecclésiastique, il obtint de ses parents d'entrer dans un séminaire, et libre du choix il donna la préférence à celui de Viviers, qui jouissait d'une réputation méritée, tant pour la régularité que pour les études. Il y fut accueilli par M. de Sabathier, homme d'un grand savoir et d'une profonde modestie, qui dans la suite fut évêque d'Amiens. En sorte que l'abbé de la Motte eut pour premier instituteur ecclésiastique celui que la Providence lui destinait pour prédécesseur immédiat dans l'épiscopat.

Toutes les vertus auxquelles les autres viennent se former dans le séminaire, notre jeune homme les y apportait : une piété tendre et éclairée, l'amour soutenu du travail, un désir sincère et actif de sa perfection. C'est le témoignage unanime de tous ses supérieurs, quoiqu'il eût prétendu lui-même ne devoir qu'à son éducation ecclésiastique le peu de bien que sa modestie lui laissait voir en lui. Il datait même, de son entrée au séminaire, ce qu'il appelait sa conversion, disant qu'il n'avait connu ni ses devoirs, ni les motifs qui en consacrent la pratique, que du moment où il avait commencé à les méditer dans la retraite et l'éloignement du monde. Quoi qu'il en soit, il fut toujours regardé dans la maison qu'il habitait comme un parfait modèle de piété, d'application à l'étude, et de régularité en tout. Son premier supérieur, M. de Sabathier, qui avait quitté le séminaire de Viviers, quelques mois après l'y avoir reçu au nombre de ses élèves, avait pendant ce court espace conçu une si haute idée de son mérite, que lorsque, quelques années après, il fut nommé à l'évêché d'Amiens, il jeta les yeux sur l'abbé de la Motte pour en faire son grand-vicaire, et lui proposa de venir partager avec lui les travaux de l'épiscopat; offre à laquelle son zèle ne se serait pas refusé, mais que les circonstances ne lui permirent pas d'accepter.

Cependant le vertueux séminariste, en se distinguant de tous les autres par une infinité d'endroits, se rapprochait de tous par la gaieté de son caractère et un commerce doux et facile. Sa vertu, dans sa plus grande ferveur, n'avait rien de gêné ni d'austère pour les autres. Chacun recherchait sa société et se plaisait dans sa conversation, quoiqu'assez souvent elle eût pour objet des devoirs et des vertus que ne pratiquaient pas comme lui tous ceux qui l'entendaient. Une grande justesse d'esprit, jointe à sa vivacité naturelle, l'aurait rendu caustique s'il eût été moins religieux. Personne ne saisissait comme lui les ridicules et les travers des autres, et n'aurait mieux réussi à les présenter sous le point de vue le plus malin; mais s'il les faisait apercevoir, ce n'était qu'à ceux mêmes qu'il voulait en guérir, et toujours avec les ménagements ingénieux de la charité qui corrigent sans offenser. Plein d'égards et d'attention envers tous ceux que la maison lui donnait pour confrères, il y en avait cependant quelques-uns pour lesquels il se sentait plus d'inclination, et l'on imagine aisément que c'étaient les plus édifiants; mais sachant sacrifier à la régularité jusqu'à ses penchants les plus vertueux, il ne se trouvait auprès de ses meilleurs amis qu'autant qu'il pouvait le faire sans affectation, et sans contrevenir à un point de règle commun à toutes les bonnes maisons d'éducation, qui proscrit les entretiens exclusifs et les liaisons trop particulières, comme aussi contraires aux bienséances sociales qu'à l'esprit de charité qui doit unir entr'eux tous les membres d'une même communauté.

La vie du séminaire ne paraissait ni gênante, ni trop austère à l'abbé de la Motte, et il était fort éloigné de la regarder comme la pieuse exagération de celle qu'un ecclésiastique doit mener dans le monde. Il avait coutume de dire que les meilleurs prêtres et les meilleurs religieux qu'il eût connus, étaient ceux qui avaient conservé l'habitude de vivre en séminaristes et en novices. D'après ces principes, il fut dans tous les temps fidèle aux pratiques du séminaire, qui étaient compatibles avec les devoirs qu'il avait à remplir. Ainsi le vit-on chanoine, théologal, supérieur de communautés religieuses, grand-vicaire et évêque, se rapprocher, autant qu'il était en lui, de la vie d'un séminariste; il se levait aussi matin qu'au séminaire; il faisait son oraison aussi longue qu'on la fait au séminaire, et ses repas aussi courts. Il avait, comme au séminaire, ses heures réglées pour l'étude de l'Ecriture sainte et de la théologie, pour ses lectures et ses autres exercices de piété. Etant évêque, il passait environ deux mois de l'année dans son séminaire, et en fervent séminariste, le temps du carême et celui des retraites auxquelles il présidait. Il conserva toujours autant d'estime que de reconnaissance pour la respectable école où il avait reçu son éducation cléricale. Il enviait souvent le sort de ceux qui se mettent dans l'heureuse nécessité de pratiquer toute leur vie la plus grande régularité ecclésiastique, en se dévouant au pénible emploi d'y former les autres, et il eût mieux aimé, disait-il encore dans sa vieillesse, avoir succédé à M. de Sabathier, directeur d'un séminaire de Saint-Sulpice, qu'à M. de Sabathier, évêque d'Amiens. Après sa sortie du séminaire de Viviers, il ne manqua jamais, tant que les circonstances le lui permirent, de s'y rendre tous les ans pour y faire une retraite. Il en avait formé la résolution avec deux amis qu'il avait connus dans cette maison, les abbés de Vacon et de la Pallu, qui furent depuis l'un et l'autre de vertueux évêques.

L'éducation précoce qu'avait reçue l'abbé de la Motte

l'avait mis dans le cas de sortir du séminaire, n'étant encore que diacre. Il était pourvu dès-lors de la coadjutorerie d'un canonicat de Carpentras.

Le nouveau coadjuteur, en attendant l'âge auquel il pourrait recevoir la prêtrise, remplissait avec zèle les fonctions attachées à son titre. Sa piété lui faisait retrouver le séminaire au sein de sa famille, et il ne paraissait en public que pour y édifier. Pendant cet intervalle, on lui proposa le voyage de Malte auquel il consentit par complaisance, et pour accompagner un oncle dont il était chéri. Dès que son oncle eut terminé l'affaire qui l'avait appelé à Malte, il se rembarqua avec lui sur un vaisseau français qui faisait voile pour Toulon, et devait y arriver vers la fin de septembre de l'année 1707. On s'approchait des côtes de France, lorsque l'on commença à entendre dans le lointain un bruit assez semblable à celui du tonnerre, et qui augmentait à mesure qu'on s'avançait. Le capitaine du vaisseau, sans soupçonner ce que ce pouvait être, continua sa route par un temps assez obscur, et fut tout-à-coup fort étonné de se trouver au milieu de la flotte combinée des Anglais et des Hollandais, qui bloquait le port de Toulon, et bombardait la ville, tandis que le duc de Savoie et le prince Eugène en formaient le siége par terre. On s'empressa alors d'arborer le pavillon anglais, et l'on fut assez heureux pour échapper au péril, sans être aperçu des ennemis dont toute l'attention était fixée sur la ville assiégée. Le capitaine, dans cette conjoncture, crut ne pouvoir mieux faire que de gagner le port de Livourne où il alla mouiller; en sorte que l'abbé de la Motte, transporté malgré lui en Italie par ce contretemps, prit alors le parti d'aller jusqu'à Rome, où il avait un frère officier dans les cuirassiers de sa Sainteté.

Le séjour qu'il fit dans cette ville ne lui fut pas inutile, il en profita pour prendre des degrés en théologie. Il partageait son temps entre l'étude et les exercices religieux que lui suggérait son zèle. Ses délassements mêmes étaient consacrés par la piété ; et il était moins curieux de se promener sur les débris de Rome païenne, que de visiter les lieux sanctifiés par le sang des martyrs. Une nouvelle qui le surprit et le frappa beaucoup dans la circonstance, ce fut d'apprendre qu'il venait d'être nommé par le pape chanoine théologal de Carpentras. « Je dois de la reconnaissance aux Anglais, disait-il quelquefois depuis qu'il fut évêque, parce que, si l'on m'a trouvé bon à quelque chose, c'est à eux que j'en ai l'obligation. En me forçant d'aller à Rome, ils ont été cause que j'ai été fait théologal ; étant théologal, j'ai été obligé de me livrer à un genre de travail qui m'a donné des relations, et ces relations m'ont conduit où je suis. » Le souverain pontife, c'était alors Clément XI, lorsque le nouveau théologal lui fut présenté pour lui faire ses remerciements, lui recommanda de remplir toujours par lui-même, autant qu'il le pourrait, les fonctions attachées à l'emploi qu'il lui confiait. L'abbé de la Motte le lui promit, et ne s'engagea par-là qu'à suivre le plus doux penchant de son zèle.

LIVRE II.

TANT d'innocence dans le premier âge, et une jeunesse si vertueuse, présageaient assez une sainteté d'éclat pour le reste de la vie; mais la Providence, qui n'opère jamais avec plus de force que lorsqu'elle le fait plus lentement, ne développa son ouvrage que par degrés; et, voulant nous offrir plusieurs modèles dans un seul, elle ne porta l'abbé de la Motte à l'épiscopat, qu'après l'avoir fait successivement passer par divers emplois du ministère ecclésiastique les plus propres à former un grand évêque, en sorte que son élévation fut tout à la fois et la récompense des travaux du sacerdoce, et le moyen d'en continuer l'exercice avec une nouvelle extension de mérite pour lui-même et d'utilité pour l'Eglise.

De retour de Rome en sa patrie, et après avoir été ordonné prêtre, l'abbé de la Motte se traça un plan de vie analogue aux nouveaux devoirs qui lui étaient imposés, et il le suivit de manière à faire conclure qu'il avait reçu avec la prêtrise la plénitude de l'esprit sacerdotal. La première résolution que lui dicta sa piété, ce fut de ne laisser passer aucun jour sans offrir à Dieu la Victime du salut. Ainsi, dans ses voyages, parmi ses plus grandes affaires, dans l'exercice des plus petites fonctions du ministère, dans les incommodités mêmes qui ne l'obligeaient pas à garder le lit, il savait se ménager du temps pour offrir les saints mystères. S'il était retenu par une maladie assez grave pour qu'elle l'empêchât de dire la messe, il cherchait alors sa consolation dans la communion laïque, ne comprenant pas comment des prêtres qui se croient en état de célébrer tous les jours, lorsqu'ils sont en santé, peuvent passer des temps considérables sans s'unir à Dieu par la communion, lorsque quelque incommodité les empêche de monter à l'autel.

Quoique toute sa vie eût été une préparation continuelle aux plus saintes fonctions du sacerdoce, il n'en était pas moins exact à faire tous les jours sa préparation prochaine pour la messe. Tout le temps de la matinée qui précédait cet exercice, il le passait dans le recueillement le plus profond. Il ne voyait personne alors que pour affaires indispensables; et, dans ce cas même, ses entretiens étaient très-courts. Ses divers exercices de piété, son oraison, ses prières, ses offices formaient l'ensemble de sa préparation, après laquelle il montait à l'autel. On eût cru, en l'y voyant, voir un ange adorateur devant le trône de l'Eternel. Son extérieur annonçait la piété dont il était pénétré, et parlait aux cœurs les moins dévots. Religieux observateur des moindres cérémonies du sacrifice, il s'en acquittait avec aisance et dignité, tenant, dans la célébration, un louable milieu entre la lenteur qui fatigue et la précipitation qui scandalise. Il employait environ une demi-heure pour sa messe, y compris le temps nécessaire pour se revêtir des habits sacerdotaux et pour les déposer.

Il n'aurait pas célébré avec le plus léger reproche que lui aurait fait sa conscience. Il donna un jour un exemple remarquable de sa grande délicatesse à cet égard. Une personne tourmentée de scrupules, et qui se confessait à lui, vint l'arrêter au pied de l'autel, au moment où il allait commencer l'introït. L'abbé de la Motte, dans le premier mouvement occasionné par la surprise, la congédia d'un ton assez sec, sans l'écouter; mais, à l'instant même, songeant qu'il aurait pu donner par là quelque scandale aux faibles, et voulant le réparer, il se tourna vers les assistants et leur dit : « Vous avez pu être mal édifiés de la brusquerie qui vient de m'échapper; j'en demande pardon à Dieu, et vous en fais mes excuses. »

Son action de grâce répondait à sa préparation; et l'on peut dire que, comme l'une commençait à son réveil, l'autre ne finissait qu'avec le jour. Dans la partie de cet exercice qui suivait immédiatement sa messe, il se rappelait les intentions générales et particulières qu'il s'était proposées dans sa préparation prochaine. Il récitait quelques-unes des prières adoptées par l'Eglise pour la circonstance, et lisait ensuite un chapitre de l'Imitation. Toutes les fois qu'il se disait une messe aussitôt après la sienne, il l'entendait. Sa dernière pratique, avant de sortir de l'Eglise, était un acte de résignation à la mort, soit pour le temps ou pour la manière, selon qu'il plairait à la Providence d'en ordonner.

La vie canoniale impose des devoirs sublimes et assujettissants; l'abbé de la Motte en connaissait l'étendue, et il les remplissait avec la plus édifiante exactitude. Se considérant comme spécialement député par la communauté des fidèles pour lever continuellement les mains au ciel en leur faveur, il se serait fait un scrupule, et il aurait regardé comme une espèce de larcin spirituel, de s'absenter pendant une seule heure de l'office divin. Bien loin de trouver dans les occupations pénibles de la théologale dont il était chargé, un prétexte pour se dispenser de l'assistance au chœur, il découvrait, au contraire, dans l'exercice de la prière publique et la méditation des divines Ecritures, une source de lumière et de grâce pour le ministère évangélique. Parfaitement exercé dans les cérémonies ecclésiastiques, il en observait le rit avec une religieuse décence. Le voir dans sa stalle, était un sermon : rien n'eût été capable de troubler son recueillement. Il suivait fort exactement le chant des offices, et le tribut de louanges qu'il offrait à Dieu, de la voix, il était aisé de juger qu'il le consacrait par la religion de son cœur.

Quelle que fût sa facilité pour le travail, le ministère de théologal, joint aux devoirs de chanoine, lui imposait au moins pour quelques années une tâche fort onéreuse. Pour se mettre en état de la remplir, il prit le parti de renoncer aux avantages de la maison paternelle, et de se retirer avec un seul domestique dans une petite maison qu'il loua dans la ville. C'est là que, libre et tranquille depuis quatre heures du matin jusqu'à neuf heures du soir, tout le temps qu'il ne donnait pas à d'autres exercices indispensables et aux fonctions du ministère, il l'employait à l'étude. Econome de son temps, jusqu'à regretter celui que lui emportait la nécessité de prendre sa nourriture, il donnait des secours à un jeune ecclésiastique peu aisé, afin qu'il se rendît chez lui pour lui faire une lecture pendant ses repas solitaires. A peine se permettait-il quelques instants de récréation; et pour l'ordinaire, il regardait comme le délassement suffisant de ses travaux celui que lui procuraient quelques visites actives ou passives, auxquelles la bienséance ou la charité l'obligeait de se prêter.

Le désir de se ménager plus de temps pour le travail lui fit prendre la résolution de ne dîner qu'à quatre heures du soir; et l'intervalle qui s'écoulait depuis la grand'messe de sa cathédrale jusqu'aux vêpres, il l'employait à la composition de ses sermons, et le passait dans une cellule du couvent des capucins, plus à portée de son église que ne l'était sa maison.

Par ce travail opiniâtre, il se mit en état, dès sa première année d'exercice, de remplir par lui-même le ministère de théologal, comme il l'avait promis au pape. Il composa sur le dogme et la morale évangélique un cours complet d'instructions, qu'il renferma dans un nombre de discours qui lui suffisaient pour prêcher tous les dimanches, sans se répéter, pendant quatre ans. Il avait distribué toutes ses matières avec ordre, et de manière que les vérités qu'il annonçait, se prêtaient mutuellement une nouvelle force. Sans supposer aux fidèles plus de connaissance de la religion qu'ils n'en ont communément, il s'abaissait jusqu'à eux, et savait entrer avec dignité dans les moindres détails propres à édifier ou à instruire. Cette méthode lui avait si bien réussi, que lorsqu'il fut évêque, il conseillait à ses curés de la suivre, comme la meilleure qu'il connût pour prêcher avec fruit. Son style, noble et simple tout à la fois, était entendu des petits et goûté des grands. Sa déclamation vive et affectueuse était l'expression la plus naturelle du zèle et de la piété; elle partait du cœur, et elle allait au cœur. Dès qu'une fois on avait entendu le jeune théologal, on désirait l'entendre de nouveau, et en quelqu'endroit qu'il prêchât, il entraînait après lui un nombreux auditoire, dans lequel se trouvaient toujours beaucoup d'ecclésiastiques.

Les talents oratoires de l'abbé de la Motte, soutenus de tout l'éclat d'une sainte vie, préparèrent bientôt un nouveau genre d'exercice à son zèle. Plusieurs de ses auditeurs, pleins de confiance en ses lumières, voulaient s'adresser à lui dans le tribunal de la pénitence, comme à l'homme le plus capable de les aider à effectuer les désirs de conversion qu'il leur avait inspirés. Sans rebuter personne, il accueillait surtout les pauvres avec une bonté singulière, ce qui l'obligea bientôt à donner, presque tous les jours, un temps considérable au confessionnal.

Il avait ainsi passé quelques années, livré dans la retraite à un travail opiniâtre, lorsque son père mourut. Sa mère alors lui demanda, pour sa consolation, qu'il vînt habiter sa maison, où il pourrait retrouver sa solitude. Il accepta l'offre d'autant plus volontiers, qu'il y trouvait l'avantage de ne plus tenir maison à ses dépens, et de pouvoir, par ce moyen, employer tout son revenu en bonnes œuvres : il en faisait de tous les genres ; mais il en était une qu'il paraissait avoir plus singulièrement à cœur, et qu'il encouragea et protégea toute sa vie, c'était l'éducation chrétienne de la jeunesse. Il la regardait, ainsi que le vertueux Fénelon, comme le fondement le plus solide de tout le bien que la religion peut établir dans l'église de Dieu et la politique dans un état. Le moyen qu'il prit pour gagner la confiance de la jeunesse la plus distinguée de la ville, ce fut d'ouvrir sa maison à tous ceux des étudiants du collége et des jeunes ecclésiastiques qui voulaient s'y rendre. Aux uns il prêtait des livres, à d'autres il en donnait. Il faisait à tous des instructions réglées à certains jours. Il les instruisait sur leurs devoirs et les moyens de sanctifier leur jeunesse; il leur apprenait à méditer les vérités du salut, en les méditant lui-même avec eux. Tous l'écoutaient avec le plus grand plaisir; tous s'empressaient d'aller grossir son auditoire lorsqu'il prêchait, et plusieurs le priaient de se charger du soin de leur conscience. Il se les était attachés par la douceur et l'enjouement de son caractère; il les conduisait à Dieu par la sagesse de son zèle. Il se forma ainsi par ses soins une infinité d'excellents sujets et de bons prêtres, qui conservèrent eux-mêmes et inspirèrent à d'autres cette tendre affection pour la jeunesse, et le louable désir de concourir à sa sanctification.

L'abbé de la Motte ne borna pas là son zèle. Protecteur de l'innocence et du jeune âge, il vit qu'il manquait à Carpentras une maison d'instruction pour les jeunes filles, trop peu aisées pour payer une pension au couvent, il entreprit de la fonder, et il y réussit. Il commença par louer une maison où il rassembla six demoiselles, dont plusieurs de condition, toutes également zélées pour la bonne œuvre et capables d'en soutenir les charges. Il leur donna un règlement auquel elles se soumirent, sans autre engagement que celui que peut former le zèle du salut des âmes. Chargé du spirituel et du temporel de cette maison, il y fit tout ce qu'il voulut, et bientôt on la vit par ses soins remplie d'une nombreuse jeunesse qui s'y formait à toutes les vertus. Pour consolider cette bonne œuvre, qui fut toujours chère à son cœur, il fit, non sans se gêner beaucoup, l'acquisition de la maison qu'il avait louée d'abord [1]; et cet établissement, aujourd'hui dirigé par les sœurs des écoles gratuites,

[1] Il ne put achever d'en payer le prix que lorsqu'il fut évêque.

subsiste encore dans tout son lustre et sa première ferveur.

Le vrai zèle, inépuisable en ressources, semble multiplier aussi les hommes qui en sont animés. L'abbé de la Motte, prêtre édifiant, chanoine exact, théologal en exercice, confesseur charitable, instituteur d'une nombreuse jeunesse, trouvait encore du temps pour d'autres bonnes œuvres ; il en trouvait pour composer des panégyriques, et prêcher ses sermons dans les paroisses et dans les communautés ; il en trouvait pour diriger des religieuses et leur donner des retraites ; il en trouvait pour aller consoler les pauvres et les malades dans les hôpitaux, et pour offrir aux riches des secours d'un autre genre. Tous les ans, par exemple, il donnait une retraite de dix jours, depuis l'Ascension jusqu'à la Pentecôte, en faveur de la noblesse du comtat. C'était un spectacle vraiment édifiant de voir, à cette époque, arriver du fond de la province un nombre de gentilshommes respectables, les uns par leur âge, les autres par leurs services militaires, tous par le motif qui les attirait auprès de l'abbé de la Motte. C'était dans ceux-ci le désir de se renouveler dans la piété chrétienne, dans ceux-là une résolution prise d'effectuer enfin des projets de conversion trop longtemps différés. L'abbé de la Motte commençait par leur exposer le règlement de la retraite, et le soin de veiller à son exécution était confié à ceux à qui l'âge ou le grade militaire pouvait donner plus d'autorité. Tous les exercices s'indiquaient au son de la cloche. Le recueillement et le silence régnaient dans la maison ; tout s'y faisait avec un ordre et une régularité dignes des maisons religieuses les mieux ordonnées. L'abbé de la Motte était l'homme de confiance de tous; et l'on ne saurait dire qui lui en marquait davantage, ou les pécheurs qu'il ramenait dans les devoirs de la justice, ou les justes qu'il affermissait.

La réputation de l'abbé de la Motte allait toujours croissant, et l'on vit bientôt plusieurs évêques des diocèses circonvoisins se disputer l'avantage de faire ressentir à leurs troupeaux les effets d'un zèle dont on racontait des prodiges. Un chanoine ne peut s'absenter de son église que pendant le temps de ses vacances. Elles étaient de trois mois dans le chapitre de Carpentras, mais elles ne devaient être prises que par parties, et une semaine chaque fois. On obtint sans peine, du pape, que l'abbé de la Motte prendrait de suite ses trois mois, et l'emploi qu'il devait faire de ce temps eût bien dû, ce semble, lui ôter tout scrupule à cet égard, il en eut un cependant; et dans la crainte que cette disposition ne préjudiciât au bon ordre et à la décence du culte divin, il s'engagea à partager les fruits de son bénéfice avec un ecclésiastique agrégé à son église, sans obligation d'assistance, afin qu'il le remplaçât au chœur et dans toutes les fonctions canoniales. Ce ne fut qu'après ces précautions vraiment édifiantes et dignes de remarque, que le vertueux chanoine se permit l'absence continue de ses trois mois de vacances. Il les employait suivant les besoins des fidèles et l'ordre que lui prescrivaient les évêques, tantôt dans les villes, tantôt dans les campagnes; ici à donner des retraites, là à faire des missions, et partout avec un succès égal à son zèle.

Pour étendre davantage et mieux assurer encore le fruit de ses travaux, et peut-être aussi pour détourner de dessus lui les respects publics qui alarmaient sa modestie, l'abbé de la Motte se réunit à quelques missionnaires de la congrégation, dite de Notre-Dame de Sainte-Garde, établie dans le comtat d'Avignon. Il se lia surtout de la plus étroite amitié avec un M. de Salvador [1], nom connu parmi la noblesse du comtat; c'était un saint prêtre, d'une piété fervente et éclairée. De capitaine de cavalerie, qu'il avait été dans sa première jeunesse, il s'était fait ecclésiastique; et lorsqu'il eût pu vivre dans l'aisance avec son seul patrimoine, il menaït la vie pauvre et austère des apôtres, distribuant son bien aux pauvres, et parcourant avec ses compagnons les villes et les bourgades, pour y annoncer les vérités du salut. Associé à ces zélés missionnaires, le vertueux chanoine de Carpentras ne le cédait à aucun d'eux, ni en courage pour former de saintes entreprises, ni en sagesse et en patience pour les amener à une heureuse fin. Catéchiser, prêcher, confesser, réconcilier les ennemis, soulager les pauvres, consoler les malades, voyager à pied dans des pays montueux, coucher sur la paille dans les campagnes, se contenter du pur nécessaire pour la nourriture, et en manquer quelquefois, telle était la vie que menait l'abbé de la Motte pendant ses vacances; c'était là le délassement de ses autres travaux qu'il venait reprendre avec la même ardeur, après ses trois mois de courses apostoliques.

Un zèle si pur attirait les plus amples bénédictions du ciel, et elles étaient sensibles. Partout où le mission-

[1] M. l'abbé de la Motte, jusque dans sa plus extrême vieillesse, se rappelait ce saint ecclésiastique avec un souvenir de vénération. Lorsqu'il apprit sa mort : « Sa mémoire, écrivait-il à un de ses amis, me sera toujours précieuse, et mes regrets, sur sa perte, dureront autant que ma vie. J'avais de grands motifs pour l'aimer et l'estimer. Je demandais même souvent à Dieu la consolation de le revoir, et de répandre encore une fois, dans son sein, mon cœur qu'il avait connu à fond. »

naire s'arrêtait pour exercer les fonctions de son ministère, il gagnait la confiance et la vénération des peuples. Les plus libertins également touchés et de l'onction de ses paroles, et de la sainteté de sa vie, quittaient leurs dérèglements; les hérétiques abjuraient leurs erreurs; les scandales cessaient dans les paroisses; les abus disparaissaient, et partout la religion reprenait ses droits sur les cœurs. La seule espèce de pécheurs auxquels il avouait qu'il avait presque toujours parlé en vain, c'étaient les mauvais prêtres, et ceux surtout qui étaient dominés par la passion d'amasser. En ayant un jour rencontré un qu'une avarice notoire faisait généralement mépriser, il lui représenta les inconvénients et les dangers de son état, et lui fit les plus vives instances pour l'engager à réparer par quelque aumône publique, la publicité du scandale qu'il offrait depuis trop longtemps; tout son zèle ne put rien gagner. Les missionnaires, ses confrères, revinrent à la charge, pressèrent sur les mêmes motifs, et ne furent pas plus heureux. Alors l'abbé de la Motte, en quittant son homme, lui dit : « Pardon, monsieur, de notre importunité : car, après tout, c'est vous qui avez raison, et nous qui avons tort : quand un prêtre fait tant que de vendre son âme, il ne saurait la vendre trop cher. » Un autre jour, dans la circonstance du besoin le plus pressant, il trouva un curé assez insensible pour n'avoir aucun égard à son embarras. Il lui demandait l'hospitalité : la nuit s'approchait, et il était sans argent, ce qui lui arrivait souvent par sa grande facilité à le donner aux pauvres. Il eut beau supplier le curé au nom de l'humanité, de la religion et de sa propre réputation, de lui donner ou de lui procurer un lit, il ne put l'y déterminer. En sortant du presbytère, il trouva l'église ouverte; il y entra, résolu d'y passer la nuit plutôt que d'aller révéler aux paroissiens l'insigne dureté de leur pasteur. Comme il était en adoration devant le Saint-Sacrement, une paysanne, qui faisait sa prière dans l'église, s'approcha de lui, le pria de dire une messe à son intention, et lui en offrit la rétribution, qu'il accepta en rendant grâces à la Providence qui, dans le besoin, lui envoyait ce secours dont il fit usage pour payer son gîte à l'auberge.

Cependant l'abbé de la Motte était accueilli, dans ses missions, comme l'envoyé de Dieu, et portait partout la réputation d'un saint. La persuasion à cet égard allait au point que, souvent des âmes simples, dans le désir de se procurer des reliques, s'approchaient de lui, lorsqu'il priait dans les églises, et lui coupaient un morceau de sa soutane. D'autres fois, les peuples auxquels il avait donné la mission le pleuraient comme leur père à son départ, et le suivaient, malgré lui, pendant plusieurs lieues. C'est ainsi qu'il fut obligé d'entrer un jour dans la ville d'Aix, entouré de tous les habitants d'une nombreuse paroisse. L'archevêque de cette ville, à qui il alla rendre compte de sa mission, s'étant aperçu qu'on avait mutilé sa soutane et son manteau, lui dit que, pour le coup, il n'y avait plus à douter qu'on ne le regardât comme un saint. « Si cela est, monseigneur, reprit l'abbé de la Motte, il faut convenir que vos diocésains ont une étrange manière d'honorer les saints : ailleurs on les respecte et on leur fait des offrandes, et moi on m'insulte et on me dépouille. » C'est ainsi qu'il savait détourner adroitement les propos flatteurs que lui attirait l'éclat de ses vertus.

Cependant son humilité souffrait infiniment d'une réputation qu'il ne pouvait se dissimuler, et dont il se croyait sincèrement indigne; et, soit qu'il craignît qu'enfin la vanité n'entrât dans son cœur, ou plus vraisemblablement, parce qu'au milieu même des plus brillants succès, il se regardait encore comme un serviteur inutile dans la vigne du Seigneur, il forma le dessein d'aller finir ses jours dans la retraite et les travaux de la pénitence. Il se rendit pour cela à la chartreuse du Val-Donne. Mais le prieur, auquel il s'ouvrit sur sa résolution, était un homme plein de l'esprit de Dieu, qui, après s'être édifié quelques jours avec son nouvel hôte, le congédia en lui disant : « Allez, mon cher abbé, vous n'êtes pas fait pour être chartreux, mais pour être évêque.

Obligé de retourner à ses occupations ordinaires, l'abbé de la Motte les continua avec le même zèle et le même succès pendant deux ans, au bout desquels, toujours fatigué, d'un côté par les respects des peuples, et pressé de l'autre du désir d'assurer son salut dans la solitude, il forma de nouveau la résolution de quitter le monde, et se mit en devoir de l'exécuter, en se rendant à l'abbaye de Sept-Fonts. Il était alors à Avignon, occupé d'une mission. Après avoir donné son dernier discours, pendant lequel tout son auditoire fondit en larmes, plus pénétré lui-même que personne des grandes vérités qu'il avait annoncées, il partit à pied, son bréviaire sous le bras, un bâton à la main, sans provisions, sans argent, et comptant, pour tous ses besoins, sur la Providence qui nourrit les oiseaux du ciel. En effet, il fit ainsi un trajet d'environ soixante-dix lieues, sans qu'il lui manquât rien du modique nécessaire dont il se contentait.

L'abbé de Sept-Fonts, qui connaissait déjà l'abbé de la Motte de réputation, l'accueillit avec tous les égards dus à ses vertus et à ses talents. Le premier entretien qu'il eut avec lui augmenta encore l'idée qu'il s'était formée de son mérite. Il jugea qu'il serait plus en état que lui-même de diriger son monastère, et il imagina dès-lors qu'il ne pourrait rien faire de mieux que de lui en remettre le gouvernement, dès le lendemain de sa profession. C'est ainsi que la conduite de l'abbé de Sept-Fonts, différente de celle du prieur de Val-Donne, annonçait néanmoins qu'il savait, comme lui, apprécier le mérite de l'abbé de la Motte. Mais tandis que l'humble et respectable vieillard voyait d'un œil de complaisance celui qu'il se désignait déjà pour successeur, il n'était pas sans quelque crainte qu'on ne lui enviât ce riche trésor. En effet, la disparition subite de l'abbé de la Motte occasionna bientôt le plus grand mouvement dans tout le comtat d'Avignon. On le chercha, on suivit toutes ses traces, et l'on découvrit enfin le lieu de sa retraite. Alors le clergé, la noblesse et le peuple se réunirent en corps pour redemander à l'abbé de Sept-Fonts l'apôtre de leur province, et lui faire une obligation de conscience de le leur renvoyer. Cette unanimité de vœux, et une multitude de lettres particulières qu'il recevait de toutes parts au même sujet, déterminèrent le père abbé à déclarer au nouveau postulant qu'il ne lui était pas possible de le garder plus longtemps, et qu'il fallait qu'il se retirât. Jamais sacrifice n'avait tant coûté en même temps à celui qui l'ordonnait et à celui qui s'y soumettait. « Je me regardai, disait depuis l'abbé de la Motte, comme un pécheur qu'on chassait de ce paradis terrestre qu'il n'était pas digne d'habiter, et je ne me consolai que par la pensée que je ne faisais pas ma volonté. »

Rendu à son église, il reprit, avec ses fonctions ordinaires, celles de surérogation que lui imposait son zèle.

Lorsqu'en 1720, la peste désola Marseille, et étendit ses ravages jusqu'à Avignon, l'abbé de la Motte, renfermé dans Carpentras, qui n'est qu'à cinq lieues de distance de cette ville, signala sa prudence et sa charité envers ses concitoyens. Nommé commissaire pour veiller à la sûreté publique, il ne négligea aucun des moyens humains qu'il est d'usage d'employer pour intercepter la communication avec un pays pestiféré. Mais, sachant aussi qu'il n'est point d'obstacle insurmontable à un fléau, lorsqu'il est le ministre des vengeances divines, il s'appliqua beaucoup plus encore à disposer les esprits à la résignation aux volontés de Dieu, toujours père lors même qu'il paraît s'armer pour punir avec plus de sévérité. L'occasion d'éclairer les plus libertins sur le danger de leur état, lui parut favorable, il ne la laissa pas échapper. Ses instructions ne trouvaient que des cœurs dociles, ses conseils étaient des ordres. Prières publiques, pratiques de retraite, jeûnes solennels, préparation aux sacrements, tout ce qu'il proposait, comme moyen de fléchir la colère du ciel, était accueilli par acclamation. C'était un prophète qui prêchait la pénitence au milieu de Ninive menacée de sa ruine prochaine. Aussi vit-on des pécheurs scandaleux rentrer en eux-mêmes, des ennemis se réconcilier, des usurpateurs restituer, et partout le vice humilié rendre hommage à la vertu. Enfin le fléau cessa, et la ville en fut préservée. L'abbé de la Motte alors fit rendre à Dieu de solennelles actions de grâces, attribuant cette faveur du ciel à la foi du peuple, et surtout à la confiance avec laquelle il avait réclamé l'assistance du Sauveur du monde; prosterné devant un des instruments qui servirent à sa passion [1]. Le peuple, de son côté, appelait

[1] On voit dans la cathédrale de Carpentras un des clous que

l'abbé de la Motte son libérateur; il publiait qu'il lui devait son salut, et qu'une ville était heureuse quand elle possédait un seul prêtre si rempli de l'esprit de Dieu.

Le mérite de l'abbé de la Motte n'était nulle part mieux apprécié que dans son corps. Il avait joui dans tous les temps de l'estime et de la confiance de ses confrères, et, en 1725, ils lui en donnèrent une preuve honorable en le députant, pour représenter leur chapitre au concile provincial convoqué cette année à Avignon.

Peu de temps après qu'il eut été de retour de sa députation, l'archevêque d'Arles, M. de Janson, jeta les yeux sur lui pour le faire l'unique grand vicaire de son diocèse. Il connaissait le sujet par la renommée, et mieux encore par le témoignage de M. de Salvador, ce respectable ecclésiastique dont nous avons déjà parlé. Il lui fallait le consentement de l'évêque de Carpentras; il le sollicita par de si vives instances, que le prélat, non sans regret, mais pour le plus grand bien de l'Eglise, consentit à perdre son vertueux théologal. L'abbé de la Motte avait ignoré jusque-là les desseins qu'on formait sur lui, et ce fut M. de Salvador, en qui il avait toute confiance, qui vint lui annoncer le désir de l'archevêque d'Arles, lui certifier l'acquiescement de son évêque, et lui faire un devoir à lui-même de donner son consentement : il le donna, croyant obéir aux ordres de la Providence; et sans doute qu'il ne se trompait pas.

Cette nouvelle fut reçue, dans Carpentras, comme

l'on croit avoir servi à attacher Notre-Seigneur à la croix, et qu'une tradition respectable rend l'objet de la vénération des peuples.

celle d'une calamité. L'abbé de la Motte se vit assiégé de représentations. On pria, on supplia, on insista. Il répondait à tout cela qu'on le connaissait peu, qu'il n'était rien; qu'on ne perdait rien; et c'est peut-être la seule erreur sensible dont il eût été vraiment persuadé. Il était fort éloigné de croire qu'il dût être, par exception, prophète dans sa patrie. Les personnes d'ailleurs les plus empressées à le retenir, ne pouvaient pas alléguer à l'archevêque d'Arles les raisons qu'elles avaient autrefois fait valoir auprès de l'abbé de Sept-Fonts. C'était un champ bien digne du zèle du théologal de Carpentras, qu'un vaste diocèse à diriger sous l'autorité d'un prélat respectable et zélé pour le bien. Content de la charge qu'on lui imposait, il le fut aussi du modique dédommagement qu'on lui offrit d'une pension de huit cents livres sur l'archevêché.

Arrivé à Arles, déjà pénétré de l'importance et de l'étendue de ses nouveaux devoirs, l'abbé de la Motte ne songea qu'à les remplir de la manière la plus utile au salut des peuples. Il s'appliqua soigneusement à connaître le clergé, ce qui lui devint assez facile par l'étroite liaison qu'il avait avec la congrégation de Sainte-Garde, chargée de la direction du séminaire d'Arles. Il se montra d'abord et fut toujours, dans la suite, d'un facile accès pour les ecclésiastiques, et surtout pour les curés, qui étaient sûrs de trouver en lui un guide fidèle, et toujours empressé à les aider de ses lumières. S'il trouvait l'occasion de leur rendre quelque bon office, il le faisait volontiers, et souvent sans en avoir été prié. Il n'eut besoin, pour ainsi dire, que de se montrer au clergé pour gagner toute son estime; et bientôt sa correspondance de confiance avec tous les ecclésiastiques employés dans le ministère, lui prit autant de temps que celle de nécessité, et lui doubla son travail. Mais, toujours infatigable dans son zèle, ce qui en eût accablé plusieurs autres, ne l'occupait pas même tout entier.

Il trouvait encore, comme à Carpentras, du temps pour suivre une infinité de bonnes œuvres étrangères à son emploi principal. Il travailla avec succès à maintenir ou à ranimer la ferveur dans toutes les communautés religieuses. Supérieur en titre d'un seul couvent de Carmélites, il l'était, par le fait, de tous les couvents de filles du diocèse. On le consultait de toutes parts; et la dernière des religieuses était sûre, en s'adressant à lui, de trouver tous les secours spirituels dont elle avait besoin. Le séminaire, dirigé par ses amis et ses anciens confrères de missions, offrit une ample matière au zèle de prédilection qu'il eut toujours pour l'instruction chrétienne. C'était la seule maison de la ville qu'il fréquentât : il y allait au temps des récréations des jeunes ecclésiastiques pour gagner leur confiance; il y allait pendant leurs études, pour les encourager au travail : il y allait très-souvent leur faire des conférences et des exhortations sur les devoirs de leur état. Quoiqu'il ne fût plus théologal, se croyant encore comptable à Dieu des talents qu'il lui avait donnés pour la parole, il continua à les exercer étant à Arles, et tous les dimanches, après les vêpres, il faisait une instruction familière au peuple sur les principaux devoirs de la morale chrétienne. Son auditoire, toujours nombreux, était composé des citoyens les plus respectables dans tous les ordres. Nous avons déjà remarqué qu'il suffisait de l'avoir entendu pour désirer de l'entendre de nouveau. Son éloquence douce et insinuante portait dans tous les cœurs, avec la persuasion des vérités qu'il prêchait, le gage de l'estime et de la confiance pour le prédicateur qui les annonçait. Tous les jours, des pères de famille, des hommes publics et des particuliers venaient le consulter sur toutes sortes d'affaires. On lui connaissait surtout un talent merveilleux, ou, pour mieux dire, une grâce spéciale pour terminer les différends et réconcilier les ennemis. Il saisissait d'abord de quel côté était le bon droit, ou jusqu'à quel point chacun avait tort; il devinait ce qu'on lui cachait; il réduisait ce qu'on lui exagérait; il sondait le courage et la vertu des parties pour juger des sacrifices respectifs qu'il pourrait exiger d'elles; et, sans perdre de temps en discussions, il leur exposait son opinion, qui, pour l'ordinaire, était un jugement sans appel : on eût cru résister aux ordres de Dieu, en ne suivant pas ses conseils.

Il n'y avait pas longtemps que l'abbé de la Motte était grand vicaire de l'archevêque d'Arles, lorsqu'il assista en qualité de théologien de l'évêque d'Apt, au concile d'Embrun, dans lequel l'évêque de Senez, M. Soanen, fut entendu, jugé et condamné comme réfractaire aux décisions de l'Eglise universelle. Le président du concile, M. de Tencin, avait cru pouvoir, sans conséquence, faire placer à peu de distance de lui le grand vicaire d'Arles, pour être à portée de le consulter au besoin sur le cérémonial et les formes à garder, que personne ne connaissait comme lui, parce qu'il avait déjà assisté à une de ces assemblées; mais un ecclésiastique du second ordre ayant réclamé contre cette préséance, en qualité de bénéficier, l'abbé de la Motte, sans vouloir qu'on discutât la question, donna droit à son adversaire; et, comme il pouvait se croire le seul de l'assemblée qui ne possédât aucun bénéfice, il alla prendre la dernière place, et y resta constamment, quelques instances qu'on lui fit pour l'engager à en prendre une autre. Cependant les Pères du concile, qui plaçaient au premier rang, dans leur estime, celui qui n'occupait que le dernier dans l'assemblée, le chargèrent unanimement de répondre à un écrit circulaire adressé par l'évêque de Senez à tous les prélats de l'Eglise gallicane; ce qu'il fit d'une manière victorieuse, et qui ne souffrit pas même de réplique.

Après avoir rempli pendant plusieurs années les fonctions de grand vicaire, avec un succès égal à ses talents, l'abbé de la Motte fut nommé administrateur du diocèse de Senez, dont l'évêque était exilé à l'abbaye de la Chaise-Dieu. Il emporta, en quittant la ville d'Arles, l'estime et les regrets de l'archevêque, du clergé et de tous les gens de bien. Pour le mettre en état de soutenir les charges de son nouvel emploi, la cour le pourvut d'une petite abbaye, qui jointe à sa pension sur l'archevêché d'Arles, ne lui faisait pas mille écus de revenus. Aussi le cardinal de Fleury, en lui annonçant que le roi le nommait à ce bénéfice, lui marquait-il que ce n'était qu'en attendant qu'il pût lui en offrir un plus considérable. L'abbé de la Motte répondit que c'était autant qu'il lui en fallait, et plus qu'il n'en méritait. Belle réponse, quand elle n'est que l'expression du mérite modeste, et qu'on ne peut pas même la suspecter d'une feinte modération! Le cardinal ministre la crut sincère, et ne perdit jamais de vue celui qui la lui avait faite.

Le diocèse de Senez occupe la partie la plus stérile et la plus âpre de la Provence. La principale ville du diocèse est Castellane, qui est à trois lieues de distance de Senez, et c'est là que l'abbé de la Motte crut devoir fixer sa résidence. Il se logea dans un couvent des religieux de la Merci ; et pour leur annoncer qu'il ne prétendait pas leur être à charge, il commença par faire décorer leur église, et réparer leur maison à ses dépens. Un autre avantage pour ces religieux, et qu'ils surent apprécier, ce fut de trouver un parfait modèle de vertu dans la société de l'homme le plus aimable. Tel on avait vu l'abbé de la Motte à Carpentras et à Arles, tel il se montra dans le diocèse de Senez. Ce fut toujours de sa part la même ardeur et la même sagesse de zèle. On vit toujours en lui l'homme de prières, le prêtre charitable, le prédicateur persuasif, le père de la jeunesse, en un mot l'homme de Dieu et l'ami des hommes.

Il était aisé d'imaginer combien était délicate la position où il se trouvait : dépositaire de l'autorité d'un concile, pour exercer la juridiction épiscopale dans un diocèse où l'évêque, encore vivant, avait fait des prosélytes ; environné de gens qui regrettaient et plaignaient M. Soanen comme le martyr de la vérité, il habitait véritablement une terre ennemie. Tous les yeux étaient ouverts sur lui : on épiait sa conduite ; on pesait ses paroles ; on étudiait ses motifs ; et partout on portait le désir malin de lui surprendre des torts. Mais dans les desseins de la Providence, qui tire la lumière des ténèbres, cette disposition même ne servit qu'à mieux faire connaître le serviteur de Dieu, et à préparer le retour de ceux que l'erreur avait séduits.

L'abbé de la Motte, en entrant dans sa nouvelle administration, commença par tout voir et tout écouter, sans rien dire, ni rien faire. C'était là son grand principe de gouvernement ; et il lui avait toujours si bien réussi, que lorsqu'il fut évêque, il le proposait à tous ceux auxquels il confiait l'exercice de quelque supériorité. « Si vous ne voulez pas vous préparer des repentirs, leur disait-il, commencez par être d'abord tout yeux et tout oreilles, sans avoir ni mains, ni langue. » Après qu'il eut sagement examiné, il agit encore avec sagesse pour ne pas désespérer le malade qu'il visitait et qu'il voulait guérir, il lui cachait à lui-même la profondeur de sa plaie. Le diocèse de Senez n'était pas, disait-il, si infecté des nouvelles erreurs, que bien des gens le prétendaient : le clergé y offrait plus de ressources qu'on imaginait; et bien des âmes simples étaient plus à plaindre qu'à condamner du malheur de s'être égarées en suivant leur pasteur. Enfin cet homme que la renommée s'était plu à annoncer comme un réformateur d'un zèle amer, ne laissait apercevoir que l'ardeur d'une charité tendre et compatissante; et son visage, qu'on s'était figuré couvert des nuages de l'austérité, n'offrait que les traits inaltérables de la douceur et de la sérénité.

La noblesse du diocèse sut la première rendre justice aux rares qualités de l'administrateur et combattre les préjugés et les imputations de la calomnie. Lorsque les gentilshommes du pays venaient lui faire visite, il les priait de dîner avec lui, et de si bonne grâce, qu'ils acceptaient son offre. Une noble simplicité dans ses manières, un caractère ouvert et plein de franchise, des propos toujours obligeants lui assuraient la confiance de tous ceux qui passaient quelques heures auprès de lui. Sa table était bien servie, lorsqu'il s'y trouvait des étrangers; et l'on eût été surtout tenté de croire que sa dépense excédait ses revenus, lorsqu'on entendait de toutes parts les pauvres se louer de sa libéralité. Son secret d'économie était, après avoir bien traité ses hôtes, de mener en son particulier la vie frugale du théologal de Carpentras, à qui l'esprit de mortification et l'amour des pauvres faisaient trouver tous les ans un superflu de cent écus sur un revenu de huit cents livres.

Les curés et les autres ecclésiastiques du diocèse, qui s'adressaient à l'abbé de la Motte, en étaient accueillis de la manière la plus gracieuse, et ceux qu'il connaissait pour être les plus obstinés dans l'erreur, étaient ceux auxquels il prodiguait les plus tendres témoignages d'affection. Dès qu'il pouvait obtenir qu'ils s'approchassent de lui et qu'ils l'écoutassent, il était sûr de détruire leurs préventions et de les ramener. Mais plusieurs, fuyant sa présence, se retirèrent dans le fond du diocèse, où ils commencèrent à jeter les cris du fanatisme, comme si on les eût persécutés à outrance. L'abbé de la Motte, qui pénétra leur dessein, se tut, faisant semblant de ne pas les apercevoir, et sur les représentations qu'on lui faisait à ce sujet : « Ne voyez-vous pas, répondit-il, que ces gens ne crient *à la persécution*, dans le temps que nous les laissons si tranquilles, que pour nous engager à armer l'autorité contre eux, et se procurer par cette ruse un nom et des pensions dans leur parti? C'est par ma constance à les supporter, que je veux les punir. » En même temps qu'il supportait les uns par la patience, il servait les autres par son crédit. Plusieurs des plus remuants s'étaient fait exiler, et commençaient à s'ennuyer de leur état : l'abbé de la Motte s'intéressa à leur sort, demanda et obtint leur rappel; et, en voulant bien les supposer ce qu'il savait assez qu'ils n'étaient pas encore, il les rendit ce qu'ils devaient être; ils abjurèrent par reconnaissance des sentiments auxquels ils ne tenaient que par entêtement ou par vanité.

Il avait trouvé à son arrivée à Castellane une communauté de la Visitation livrée à l'erreur, au point qu'il n'y avait pas une seule religieuse qui n'y tînt obstinément. Ces pauvres filles, d'autant plus à plaindre dans leur aveuglement, qu'elles y avaient été entraînées et affermies par leur évêque, lui parurent un digne objet de son zèle et de sa charité : il entreprit de les désabuser, et il y réussit, chose unique peut-être en ce genre. Il commença par leur écrire, pour les conjurer de faire cesser le scandale, qu'elles offraient à leur ordre et à tous les fidèles : cette lettre resta sans réponse. Il fit d'autres tentatives, elles ne furent pas plus heureuses; il s'y attendait assez, il prit patience, en sollicitant le moment de la Providence. Il crut l'avoir trouvé, lorsqu'au bout de six mois de séjour à Castellane, il apprit que plusieurs religieuses de cette même communauté, autrefois exilées dans différents monastères de leur ordre, avaient renoncé à l'erreur. Il obtint qu'elles fussent rappelées à Castellane; et lorsqu'elles y furent arrivées, il alla lui-même les présenter à leur couvent. Les religieuses s'étant assemblées, arrêtèrent que l'entrée de leur maison serait constamment refusée à leurs sœurs, dont elles appelaient la conversion une apostasie. Quelqu'un, dans cette circonstance, proposait de faire enfoncer la porte du couvent : « Elle serait de toile d'araignée, répondit l'abbé de la Motte, que je ne voudrais pas qu'on y touchât. » C'eût été un grand embarras pour tout autre d'avoir à loger et à faire subsister une douzaine de religieuses : ce n'en fut pas un pour lui. Il quitta le logement qu'il occupait chez les Pères de la Merci. Ces religieux, secondant ses vues, se procurèrent pour quelque temps une demeure dans la ville, et les religieuses se mirent en possession de leur maison. On vit alors à Castellane deux couvents de la Visitation. L'abbé de la Motte pourvoyait au temporel comme au spirituel de ce dernier; et les religieuses, dès le premier jour de leur installation, suivirent l'ordre de leurs exercices, et gardèrent la plus exacte clôture.

Cependant la cour, informée de ce qui s'était passé, adressa aux magistrats de Castellane un ordre précis de faire rentrer dans leur maison les religieuses rappelées. L'abbé de la Motte essaya par de nouvelles instances de détourner un second éclat scandaleux; on ne l'écouta point. Les magistrats signifièrent l'ordre du roi; on n'y eut nul égard, et il fallut que les portes du couvent fussent enfoncées. Tandis qu'on y introduisait les religieuses du dehors, celles du dedans, comme si leur vie n'eût pas été en sûreté, couraient se cacher dans les réduits les plus obscurs de la maison, criant *à la tyrannie*, et protestant *qu'elles n'écouteraient jamais la voix de l'étranger*. C'était là comme le cri de ralliement; c'était leur dernière résolution; et dans le délire séditieux qui les agitait, elles avaient inscrit dans les registres de la communauté le serment d'y être fidèles jusqu'à la mort. La première chose que fit l'abbé de la Motte, étant entré dans la maison, fut d'en faire enlever une infinité de livres suspects et de libelles injurieux à la religion et à l'autorité. Il mit aussi la main sur un dépôt secret de lettres qui formaient la correspondance des suppôts de l'erreur avec les religieuses, pièces précieuses pour lui, et dont il tira dans la suite le plus grand avantage pour prouver à ces pauvres filles jusqu'à quel point on avait abusé de leur crédulité pour les jeter et les entretenir dans la désobéissance à l'Eglise.

Cependant, avoir l'entrée de la maison, c'était avoir tout gagné pour l'abbé de la Motte, qui n'eut jamais tort auprès de ceux dont il put se faire entendre. Dès le premier jour qu'il parla aux religieuses, sans les convertir, il les étonna. Une des plus jeunes seulement s'étant permis de l'interrompre, il se contenta pour l'humilier, de lui demander si ses anciennes l'avaient constituée l'interprète de leurs sentiments; et il finit par leur dire à toutes : « Je sens, mes chères sœurs, combien je dois vous paraître odieux en ce moment : je suis à vos yeux le loup dans la bergerie; eh bien! je vous prédis néanmoins en prophète un peu gourmand, qu'avant la fête des rois vous m'offrirez de vos biscuits, et de si bonne grâce, que je me ferai un plaisir de les accepter. » On ne put s'empêcher de rire de la prophétie, et en se promettant bien de faire mentir le prophète, qui cependant dit la vérité.

En attendant que les esprits fussent assez calmes pour procéder sagement à l'élection d'une supérieure, l'abbé de la Motte en procura une étrangère à la maison, sujet tel qu'il le fallait dans des circonstances si orageuses. La régularité extérieure s'observait; on se réunissait au chœur et dans tous les exercices communs, quoiqu'on formât toujours deux partis très-opposés de sentiments. C'est à l'abbé de la Motte qu'était réservée la gloire d'être l'ange de paix et le lien de la réconciliation des deux partis. Les plus entêtés de l'erreur cherchaient vainement en lui l'homme qu'on leur avait annoncé; les moins ardentes commencèrent à soupçonner que tant de douceur, de patience et de charité ne pouvait partir d'un principe vicieux; bientôt elles se communiquèrent leurs idées, que toute la conduite de leur supérieur ne faisait que confirmer. Peu à peu elles s'accoutumèrent à l'écouter avec moins de répugnance; ensuite elles goûtèrent ses instructions; elles se sentirent ébranlées, et enfin éclairées et converties.

Le retour sincère de toutes ces brebis égarées combla de joie le charitable pasteur. Il avait longtemps sollicité cette grâce du ciel; il n'en rapportait la gloire qu'à Dieu seul, sans vouloir qu'on lui attribuât la moindre part dans le succès de cette bonne œuvre. Dès qu'une fois la confiance lui eut été accordée, elle fut sans bornes et sans retour. Il avait déclaré qu'il laissait toutes les religieuses parfaitement libres de se choisir tel confesseur qu'elles jugeraient le plus capable de les diriger dans les voies du salut : toutes s'adressèrent à lui; et cet étranger, dont on avait tant redouté d'entendre la voix, devint le pasteur chéri. Plus il parlait de Dieu, plus on désirait de l'entendre; et il se prêtait à ce pieux empressement. Retraites, exhortations, sujets d'oraison, conférences familières, il employait toutes les ressources de la parole de Dieu pour édifier et affermir le troupeau qu'il avait régénéré dans la foi.

Comme la conduite passée de ces religieuses avait été un scandale public, elles en devaient une réparation solennelle. L'abbé de la Motte n'eut pas besoin de l'exiger, la conscienee leur en fit bientôt un devoir; et, dans une lettre circulaire, signée de toutes, imprimée et adressée à toutes les maisons de l'ordre, elles rendent un compte édifiant de leurs sentiments; elles exposent comment elles ont été séduites en croyant suivre la voie la plus parfaite; comment le parti, pour les enchaîner à l'erreur, les avait portées à consigner dans un acte solennel une protestation anticipée contre leur changement, si jamais il arrivait; comment ce même parti leur avait suggéré d'écrire au roi et à la reine pour se plaindre d'une persécution qui n'existait pas : elles rapportent par quelles ruses on s'efforça de traverser leur retour, et de les inquiéter sur leur soumission sans réserve aux décisions de l'Église. « Toutes ces choses, disent-elles, et mille autres pareilles, nous étaient dites ou écrites par des prêtres qui, déplorant les maux de l'Eglise, ne nous paraissaient zélés que pour sa gloire. » Elles nomment celui d'entre eux qui s'était donné le plus de soin pour les pervertir. Telle fut, dans tous les temps, la marche sourde et frauduleuse de l'erreur encore au berceau.

L'abbé de la Motte resta assez longtemps à Castellane, pour opérer dans cette communauté un renouvellement de ferveur aussi sensible que l'était celui de la foi; et, sous sa conduite, la maison qui avait le plus affligé son ordre en devint le plus parfait modèle. Plus cette conquête lui avait coûté, plus elle était chère à son cœur; il la soignait comme un des plus beaux ouvrages de la grâce. Jamais rien de ce qui pouvait intéresser ses chères filles ne lui parut étranger. Leur temporel même l'occupait en vue du spirituel. Il faisait décorer leur église à ses dépens : il remplissait leur bibliothèque de bons livres; il se créait, par une charité universelle, des droits à tous les genres de reconnaissance; et l'on peut dire que, depuis la mort du saint fondateur de la Visitation, personne ne l'avait si bien remplacé dans aucune maison de l'ordre, que le faisait l'abbé de la Motte dans celle de Castellane. Les derniers adieux qu'il fait à la communauté en la quittant paraîtront, comme le reste de sa conduite, dignes de saint François de Sales, et ne feront pas ici un hors-d'œuvre, ne fût-ce que pour donner au lecteur une idée de la sagesse et du style dans lequel sont écrits tous les avis que l'humble et vertueux abbé donnait aux personnes qui le consultaient dans l'affaire du salut. Cette lettre est écrite à la hâte et dans le moment du départ.

« J'ai balancé, mes chères filles, si je prendrais encore une fois la triste consolation de vous voir ce matin ; mais enfin j'ai cru qu'il fallait la sacrifier et vous la faire sacrifier à Dieu. Aussi bien n'aurions-nous fait que nous affliger, au lieu que nous ne devons penser qu'à nous édifier.

» Je me sépare d'une communauté pour laquelle Dieu m'avait donné la plus sincère charité, et je sais, à n'en pouvoir douter, que vous aviez aussi pour moi les sentiments qu'on a pour un père, aussi puis-je vous assurer que rien ne m'a jamais été plus à cœur que de vous rendre toutes solidement heureuses. Rien de ce que j'ai fait pour vos âmes ne m'a coûté, tant je l'ai fait avec joie, et je n'ai rien demandé à Dieu avec plus de ferveur et de persévérance, que la perfection de chacune de vous. Ces sentiments ne s'éteindront jamais, et je les porterai chaque jour au saint autel, avec le souvenir des bontés qu'on a eues pour moi.

» Je pars avec le désir de venir vous revoir l'an trente-six, et j'en demande à Dieu la grâce que j'espère d'obtenir, n'ayant d'autre dessein que celui de vous affermir dans le bien que Dieu vous a inspiré par mon ministère.

» Je vous ai souvent prêché une perfection dont je n'approchais pas. Mais, quoique je menasse une vie si rampante, j'aurais encore été plus coupable si, sous prétexte d'avoir à rougir et pour ne pas me confondre, je ne vous avais rien dit de ce qui vous convenait : ainsi je vous ai parlé à ma honte, mais à votre profit; car j'ai eu la consolation de voir la parole de Dieu porter le fruit, dans les unes au trentième, en d'autres au soixantième, et peut-être Dieu en connaît-il où elle est allée jusqu'au centième. C'est ce que nous devons à la grâce du Seigneur, source de tout bien.

» Je vous conjure maintenant, mes chères filles, de persévérer dans la grâce de Dieu. Ne vous découragez jamais pour quelque chose qui puisse arriver; car Dieu ne vous manquera jamais; et, si vous êtes fidèles, vous aurez la couronne de vie. La vie est pleine de tentations; mais priez sans cesse, et Dieu n'en permettra aucune qui soit au-dessus de vos forces. Votre tentation d'à présent sera, pour quelques-unes, mon éloignement : elles s'imagineront que ce faible appui leur manquant, elles ne pourront se soutenir. A Dieu ne plaise, mes chères filles, qu'on donne volontairement dans une idée si fausse et si contraire à la vertu d'espérance. Sachez qu'en me perdant, vous ne perdez rien; non-seulement parce que mon successeur suppléera abondamment à tout, mais encore parce que Dieu, ayant de vous le même soin qu'auparavant, vous serez encore plus animées et mieux instruites. Vous serez fortes, vous serez détachées, vous serez, en un mot, plus religieuses que jamais. La parole de Dieu est gravée dans vos cœurs, et rien, comme je l'espère, ne pourra l'effacer.

» N'ayez pas moins de confiance en Dieu pour le temporel. Quand vous verriez les plus grandes extrémités, ne vous alarmez pas; cherchez le royaume de Dieu premièrement, et soyez persuadées que le reste vous sera accordé : ainsi, que votre perfection vous occupe seule, et que rien ne balance cette sollicitude.

» Je vous laisse la paix; vous devez d'autant plus la goûter, que vous en connaissez mieux le prix. Entr'aimez-vous les unes les autres; vivez toutes les unes pour les autres, vous supportant sans vous lasser, puisque Dieu lui-même, que vous offensez tous les jours, vous supporte et vous aime.

» Ne vous laissez point emporter à tout vent de doctrine; je vous l'ai souvent dit, et vous l'avez éprouvé, quiconque navigue sur une autre barque que celle de saint Pierre, fera naufrage. Quand vous serez dans le doute sur la doctrine, dites comme saint Jérôme : De quel côté est le saint siége? C'est de celui-là que je me range. Tant que vous serez assises sur la pierre ferme, la mer serait encore plus agitée que vous seriez inébranlables. Au lieu qu'en suivant les pasteurs particuliers, qui ne pensent pas comme les autres, vous seriez toujours flottantes; car l'un détruit souvent ce que l'autre édifie; mais ce que le saint siége établit avec la multitude des pasteurs est invariable.

» Ne vous laissez jamais surprendre aux apparences de la vertu, car toutes les religions ont leurs saints; mais il n'y a de vrais saints que ceux que le saint siége propose à l'Eglise, et que l'Eglise universelle honore. Si l'on vous dit qu'un tel et un tel, qui sont dans le parti, sont des gens de vertu, répondez qu'il leur manque l'humilité sans laquelle il n'y a point de sainteté; et que cette humilité consiste principalement à se soumettre et à sacrifier ses propres lumières à celles de ceux que Dieu a établis pour gouverner l'Eglise. Ne vous laissez point surprendre non plus par les autorités de l'Ecriture et de saint Augustin, parce que tous les hérétiques ont invoqué le même appui, et qu'on ne peut compter sur ces témoignages que quand ils sont interprétés par l'Eglise.

» Enfin, ne vous laissez point éblouir par le bruit des miracles; et, sans les examiner, qu'il vous suffise que le saint siége les rejette : car Notre-Seigneur a prédit qu'à la fin des siècles l'antechrist même ferait des miracles. Dieu permet, pour punir les superbes qui ne veulent déférer qu'aux signes et non à l'autorité, que le démon se transforme en ange de lumière, et que, par des prestiges, il leur fasse croire le mensonge, en punition de ce qu'ils ont perdu la foi, en rejetant les vérités que l'Eglise leur enseigne.

» Après vous être bien affermies sur la chaire de saint Pierre, si indignement outragée par les jansénistes, lors même qu'ils font semblant de l'honorer, affermissez-vous dans l'humilité religieuse. Je vous conjure de ne mettre jamais de bornes à cette vertu. Ne vous comptez pour rien, et ne désirez rien tant que d'être oubliées. Cachez-vous toutes en Jésus-Christ : que le monde ne vous connaisse pas, et mourez, si vous le pouvez, sans être connues de personne.

» Lisez toujours avec autant de respect que de confiance les écrits de votre saint fondateur. Ne pas les estimer, c'est montrer qu'on est l'ennemi de la vertu que ce grand saint a si bien connue et si bien pratiquée. Soyez généreuses pour les pauvres; vous gagnerez toujours plus à donner qu'à refuser. Il faut même quelquefois négliger la prudence, quand la charité l'exige, et que les maux sont pressants. Je vous recommande enfin la pratique des sacrements, et la dévotion à la très-sainte Vierge.

» Je vous conseille à toutes un soin médiocre de la santé; point de retranchement au sommeil et à la nourriture. La pénitence se peut faire, et même bien austère, sans rien ôter au repos et à la nourriture réglés. Portez avec amour le doux joug de Jésus-Christ. Faites peu de remèdes, mais aussi ne les refusez pas au besoin.

» Je vous recommande M. l'abbé de Vocance (son successeur); il a, pour la communauté, des sentiments semblables aux miens; et, assurément, vous serez contentes de lui. Je ne connais guère de piété plus solide, ni de cœur plus droit que le sien. Donnez-moila consolation de savoir que la paix et l'union se soutiennent parmi vous.

» Je demande à Dieu la grâce de vous revoir toutes en vie, avec un accroissement de vertu proportionné à la sainteté de votre état et à l'abondance des miséricordes que Dieu répand sur vous, et vous assure du zèle avec lequel je serai éternellement, mes chères filles, tout à vous et votre plus humble serviteur.

» La Motte, nommé évêque d'Amiens. »

En donnant ses soins charitables et si particuliers à cette communauté, le grand vicaire du concile d'Embrun ne lui donnait cependant que la moindre partie de son temps. Chargé de tout le diocèse, il étendait son zèle à tout, et partout ses talents et ses vertus en assuraient le succès. « Il possédait, dit l'historien de la ville de Castellane, il possédait éminemment toutes les sciences ecclésiastiques; et, aux plus rares vertus de son état, il joignait encore la bonté du caractère et la douceur des manières. Il ravit bientôt la confiance de tout le diocèse, et fit oublier M. Soanen avec toutes ses brillantes qualités. »

Fidèle au plan de conduite qui lui avait si bien réussi au diocèse d'Arles, dès son arrivée dans celui de Senez, il s'était livré tout entier au ministère de la prédication. La curiosité lui donna d'abord un nombreux auditoire, bientôt après ce fut l'estime, et enfin la religion dont il pénétrait tous les cœurs. Suivant l'attrait de sa charité, il écoutait avec bonté tous ceux qui voulaient l'établir l'arbitre de leurs différends, et le nombre en était grand. Soit que les parties le vinssent trouver, soit que son zèle le portât à faire lui-même les premières démarches, il était rare qu'on le récusât pour médiateur d'une réconciliation. Plus d'une fois, s'étant aperçu que l'intérêt était l'aliment de la division, il acheta la paix, en satisfaisant de ses deniers la partie qui se prétendait lésée. Mais il suffisait ordinairement qu'il en fît l'offre, pour rappeler les contendants aux principes de la modération chrétienne. Etonnés et touchés de ces traits de charité, des pécheurs, qui les avaient éprouvés, venaient se jeter à ses genoux, et le conjurer de recevoir leur confession : l'abbé de la Motte les accueillait comme un bon père, et les aidait à revenir à Dieu.

On était sûr de l'intéresser et de lui plaire, en lui proposant des vues de bien en faveur du diocèse qu'il administrait. Protecteur actif de toutes les bonnes œuvres et de tous les établissements utiles, il les encourageait par de grands motifs ; il les perfectionnait par ses soins, toujours prêt à le faire à ses dépens lorsqu'il en était besoin. C'est ainsi qu'il concourut à procurer aux malades de l'hôpital de Castellane des soins plus suivis, des logements plus spacieux et la salubrité de l'air. C'est ainsi que, dans la même ville, il ressuscita, pour ainsi dire, et anima de l'esprit de foi plusieurs associations sagement établies, soit pour procurer le soulagement des malheureux, ou pour maintenir la piété parmi les fidèles.

La bonne œuvre, de tout temps chère à son cœur, l'éducation de la jeunesse, ne pouvait manquer d'entrer dans le plan de ses travaux, et de faire partie de sa sollicitude pour le troupeau confié à ses soins. La bonne éducation, seule base solide du bonheur public, lui paraissait surtout nécessaire dans le champ qu'il défrichait, pour en extirper l'ivraie dans sa racine. D'un autre côté, le diocèse de Senez ne lui offrait aucune ressource à cet égard : point de collége, point de séminaire. Un zèle plus qu'ordinaire eût été découragé par ces obstacles; l'abbé de la Motte n'en connaissait pas d'insurmontables, dès qu'il s'agissait de procurer un grand bien. Manquant de tout, il prit le parti de suppléer lui-même à tout : il établit à Castellane un petit collége, où il plaça des maîtres vertueux, qu'il dirigeait et qu'il formait lui-même dans l'art difficile de former les autres. Il créa dans la même ville une espèce de petit séminaire, où il donnait assidument des leçons aux jeunes ecclésiastiques; en sorte qu'il était tout à la fois principal de collége, supérieur de séminaire et professeur de théologie; et cependant ce n'était pas encore à tous ces titres qu'il était le plus utile aux jeunes gens qu'il avait rassemblés autour de lui; c'était par la confiance sans bornes qu'il leur inspirait, et qui était telle, que tous s'adressaient à lui pour la direction de leur conscience.

Enfin le pieux et sage administrateur, chéri et respecté dans toute l'étendue du diocèse, goûta, pendant trois ans, les fruits consolants de ses travaux, après quelque temps d'épreuves et de contradictions. Elles lui avaient été suscitées par quelques prêtres interdits; et celui qui s'agita le plus pour les perpétuer, c'était le même que les religieuses de Castellane avaient dénoncé comme le principal auteur de leur perversion; mais toute la malice de l'ennemi ne servit qu'à rendre sa défaite plus humiliante, et le triomphe de l'abbé de la Motte plus complet. C'était par des vertus éclatantes qu'il répondait à l'obscure calomnie; et ses grands exemples le justifiaient mieux encore que ses grands talents. « Ses exemples étaient très-édifiants, dit l'auteur déjà cité; il était habillé des étoffes les plus simples et les plus communes, aussi modestement qu'un directeur de séminaire; il n'usait ni d'œufs ni de laitage pendant le carême, se contentant de légumes et de racines; il ne s'approchait jamais du feu, même dans les froids les plus rigoureux; il donnait aux pauvres au-delà même de ses facultés. »

Mais de toutes les vertus qui honorèrent son ministère, celle peut-être qui lui en assura le mieux le succès, ce fut sa patience. Elle était à toute épreuve; et il en offrit mille traits héroïques qui le firent souvent admirer et placer à côté du saint évêque de Genève. Nous en rapporterons un bien digne d'un saint. Un jour qu'il assistait à un sermon, le prédicateur qui tenait de lui le pouvoir de monter en chaire, porta l'audace et le fanatisme jusqu'à le peindre sous les couleurs les plus odieuses, et déclamer avec emportement contre son administration. Tous les yeux, alors fixés sur l'abbé de la Motte, semblaient interroger ses sentiments, et lui dicter le conseil de la vengeance; mais, seul tranquille au milieu de tout l'auditoire indigné, il ne manifesta pas la moindre émotion. On s'attendait cependant qu'à la fin du sermon il prononcerait sur l'insolent orateur un interdit, aussi public que l'était l'abus qu'il faisait de son ministère : bien des gens même ne croyaient pas que le grand vicaire du concile d'Embrun pût garder le silence en cette rencontre, sans manquer à ce qu'il devait à l'autorité dont il était revêtu; mais l'abbé de la Motte, persuadé, au contraire, qu'une grande modération affermit l'autorité loin de la compromettre, ne dit pas un mot, ne se permit pas un geste. Le sermon fini, on le vit se rendre à la chambre où s'était retiré le prédicateur. Tout le monde fut édifié dans la pensée qu'il se contentait de punir en secret une offense si publique; mais l'édification fut bien plus grande pour ceux qui l'avaient accompagné, lorsqu'au lieu de l'entendre prononcer un interdit, ils le virent aborder le prédicateur d'un air riant et gracieux, lui tendre la main, et pour tout reproche, lui dire en l'embrassant: « Quel zèle, mon cher abbé, quel feu vous mettez dans vos sermons! » C'est ainsi qu'il combattait ses ennemis; et il en est bien peu, sans doute, qui résistent à de pareilles armes!

LIVRE III.

Le rare mérite de l'administrateur du diocèse de Senez avait porté sa réputation jusqu'à la cour, lorsqu'en 1733 l'évêché d'Amiens devint vacant par la mort de M. de Sabathier. On mettait sur les rangs une infinité de concurrents pour ce siége, l'un des plus distingués du royaume; mais Louis XV qui aima toujours à faire de bons évêques, y nomma de préférence l'abbé de la Motte, le 25 août de la même année. Cette nomination ne surprit personne autant que l'humble abbé lui-même, dont toute l'ambition était satisfaite, parce qu'il avait beaucoup à travailler dans le poste qu'il occupait, et que Dieu bénissait visiblement son ministère. Ce ne fut même qu'après avoir fait bien des représentations, qu'il accepta. « Je ne m'attendais pas, écrivait-il peu de temps après sa nomination, à être sitôt *monseigneurisé*, et je n'accepte pas encore ce titre, parce qu'il y a bien des difficultés sur lesquelles peut-être on m'écoutera; car je crois qu'il serait plus expédient que je restasse ici que de voler si loin et si haut. Je parle pour l'intérêt de l'Eglise, supposé qu'on me juge bon à son service. Je n'avais absolument rien pensé sur cet évêché, et ma surprise égale ma confusion. » Mais bien loin que la cour écoutât des remontrances qui partaient d'une excessive modestie, l'archevêque d'Arles ayant, sur ces entrefaites, formé le projet de quitter son siége, on songea à en pourvoir l'abbé de la Motte. « Je vous dirai confidemment, écrivait-il à ce sujet, que depuis ma nomination, le cardinal ministre s'est proposé de me donner une place plus considérable. J'ai répondu que je ne voulais rien que la volonté de Dieu. Je serais véritablement dans le trouble, si je faisais la moindre chose pour me satisfaire. On ne peut rien proposer de plus séduisant pour ma famille, pour mes amis et pour moi, que la place dont il est question; mais qu'est-ce que tout cela, en comparaison de faire ce que Dieu veut! » D'après ce projet, le cardinal de Fleury avait engagé le nouvel évêque à suspendre la demande de ses bulles; mais au moment où l'affaire paraissait conclue, elle manqua par une condition que l'archevêque d'Arles voulut mettre à sa retraite, et que la cour ne jugea pas à propos d'agréer; en sorte que l'abbé de la Motte resta pourvu de l'évêché d'Amiens.

Nous ne pouvons mieux faire connaître les sentiments de notre vertueux abbé sur son élévation, qu'en extrayant quelques morceaux de lettres qu'il adressait dans cette circonstance à des personnes de confiance : « Je suis ravi de succéder à un homme qui aimait la simplicité, parce que je pourrai la pratiquer moi-même, sans me trop faire remarquer; car enfin, j'ai toujours cru que l'épiscopat n'imposait pas tout ce qu'on imaginait, et que l'on ne pouvait au contraire en bien soutenir la gloire, que par la simplicité des vertus chrétiennes. Je sais que le monde veut de l'éclat, mais il ne faut pas ambitionner son estime.

« Me voilà donc en chevaux de carrosse. J'ai senti, pour la première fois, les embarras de l'épiscopat. J'ai fait plusieurs missions à pied dans ma jeunesse, et je ne crois pas qu'un carrosse à quatre chevaux me donne jamais tant de plaisir que la commodité des grands chemins dont j'ai si souvent profité. Dieu soit béni; je ne vous dissimulerai point que je me sens quelquefois triste par cette idée de faste....

» On dit qu'il ne faut pas être singulier : cela est vrai, entre nous, à Sept-Fonts, ou à la Trappe, parce que tout le monde y fait merveille; mais dans le monde, et dans notre état, qui ne voudrait pas être un peu singulier, donnerait assurément dans la voie large. Qu'on lise la vie de saint Charles, et qu'on juge s'il y eut jamais un évêque plus singulier que lui.... On dit quelquefois que c'est un prélat inimitable; mais à Dieu ne plaise que je pense ainsi, car Dieu ne donne pas ses saints pour les admirer seulement, mais pour les imiter chacun selon sa grâce, de plus près ou de plus loin. Je dois me considérer, en entrant dans l'épiscopat, comme un homme que Dieu veut immoler à sa gloire, et qui ne doit travailler que pour l'accroître. Priez bien pour moi : je me suis ouvert à vous; mais je ne puis m'en défendre avec ceux que j'aime et que j'estime, et vous m'y invitez, en me disant que mes lettres ne seront pas vues....

» Me voici dans la retraite où je dois me préparer à la sainte cérémonie qui va décider de mon salut et de celui de tant d'autres. Je me joins à toutes les âmes ferventes qui prient pour moi; et j'espère, avec grande confiance, que Dieu ne me perdra pas, et qu'il ne m'aura pas élevé pour me briser. C'est la prière que je lui fais souvent. Je lui demande de tout mon cœur de me briser dès aujourd'hui, si mes intentions ne sont pas droites. J'ai tant de faits devant les yeux qui me montrent qu'on n'est quelquefois mis au-dessus des autres, que pour être des exemples plus frappants de la justice de Dieu, que j'ai tout lieu de craindre. Demandez pour moi cette profonde humilité, qui seule fait l'assurance des faibles; que je ne présume de rien de ce qui est en moi, et que j'obéisse avec autant de joie à ceux qui sont au-dessus de moi, que je dois avoir de circonspection à commander à ceux que la Providence me soumet; que quelque grande que soit mon autorité, je sois toujours comme un enfant, dans l'usage de mes lumières, les soumettant de tout mon cœur à celles que Dieu communique à nos supérieurs, et ne considérant mon élévation que comme l'obligation d'être le modèle de mon troupeau, sans en excepter ce qu'il y a de plus parfait. Le moyen de n'être pas effrayé de cette charge!.... »

Deux jours après son sacre, il écrivait à ses religieuses de Castellane : « Je fus sacré avant-hier, par MM. les évêques de Viviers, d'Apt et de Vaison, mes anciens amis, et tous capables d'attirer bénédiction sur moi.... Je puis bien me flatter que les prières de la communauté ne me manquèrent pas dans cette matinée; et Dieu veuille que mon indignité n'ait pas mis d'obstacles aux grâces qu'elles me donnaient lieu d'espérer. C'est de quoi je m'occupais dans cette grande action, pendant laquelle Dieu m'élevait, malgré tant de péchés, tant de défauts et de si menus talents, au rang de ses premiers ministres. Rien n'est si beau, et en même temps si capable d'animer celui qui doit recevoir cet honneur, que les paroles qu'on lui adresse en lui présentant chaque ornement, et que les demandes qu'on lui fait avant de le consacrer. Quiconque est instruit et regarde cette cérémonie avec foi, ne peut qu'en être touché jusqu'aux larmes. Me voilà donc évêque. Je devrais être un nouvel homme, et je sens que le vieux domine toujours, et je me vois toujours également vain et sensuel. Vous voyez, mes chères filles, ce que signifie cet aveu : je compte en tirer parti; il me produira de nouvelles prières; et moi je vous promets toujours les miennes.... Je vois clairement que Dieu me veut loin des consolations humaines, et je m'attends à d'autres croix qu'à celle d'or. »

Jamais évêque, en se séparant de son troupeau, ne s'en vit autant regretté que le fut l'abbé de la Motte en quittant le diocèse de Senez. On peut juger de la tendre affection qu'on lui portait, par la mesure des regrets publics qu'on lui témoigna. « Son départ, dit l'historien de Castellane, fut un jour de deuil pour tous nos citoyens. »

Le trajet de Senez à Amiens est de près de deux cents lieues. Le nouvel évêque le sanctifia avec sa piété ordinaire, et en fit un voyage de dévotion; édifiant partout où il passait, et cherchant à s'édifier lui-même. Le lecteur verra avec plaisir un extrait de la relation qu'il fait lui-même d'une partie de ce voyage.

« Je vous écris de dessus la Loire. Je me suis embarqué à Roanne, pour avoir la consolation de revoir nos saints solitaires de Sept-Fonts. Je ne fus à Lyon qu'en passant; j'eus cependant le temps d'y dire la sainte messe, au premier couvent de la Visitation, à quatre heures et demie du matin, et d'y baiser le cœur de saint François de Sales. J'arrivai de Roanne à Sept-Fonts en un jour, quoiqu'il y ait dix-sept lieues; mais j'arrivai si tard, que tout le monde était couché à l'abbaye, depuis près d'une heure, de sorte que j'étais sur le point de passer une mauvaise nuit dans une auberge voisine de l'abbaye, quand un officier, qui vit retiré près de Sept-Fonts, et qui prenait l'air du soir, m'aborda fort poliment, et me pria de prendre un lit chez lui.

» Ayant su qui j'étais, il fit avertir le père abbé, qui, malgré l'heure, vint me voir encore, et dès le lendemain, me mit chez lui avec mes domestiques. Tous ces bons solitaires, et surtout ceux qui m'avaient vu autrefois, m'ont témoigné tant de joie et d'amitié, que j'en ai moi-même ressenti la plus sensible consolation. Il en est mort depuis dix-neuf ans plus de cent; mais plusieurs de ceux qui m'avaient connu vivent encore.... J'ai vu un jeune religieux, qui n'est profès que depuis un mois, lequel est petit-fils de ma nourrice. Cet enfant, qui était fils unique, avec une vingtaine de mille livres de bien, est un enfant de bénédiction. On lui permit de me parler, il vint passer une demi-heure avec moi, et ne me parla que de son bonheur. Il me dit qu'il était encore à chercher l'austérité de cette maison dont il avait tant entendu parler, ajoutant qu'il n'y avait rien trouvé de rude. Il ne me demanda jamais de nouvelles de sa famille, se contentant de ce que je lui en dis moi-même.... Je fus au noviciat qui est composé de dix ou douze novices : je puis vous assurer que pas un ne me regarda. Ils faisaient leur lecture et étaient assis : rien ne les détourne. On ne peut rien voir de si édifiant, qu'une maison de près de cent vingt religieux en tout, où vous n'entendez pas plus de bruit dans le cours de la journée qu'à minuit. Il faut les voir surtout au chœur, ce sont des anges. Il n'y avait qu'un seul malade à l'infirmerie, encore était-il convalescent. On y voit des vieillards de quatre-vingts ans. Il est étonnant qu'une vie si dure et si contrainte laisse vivre si longtemps. Dom Prieur, qui m'avait reçu l'an 1715 que j'y fus avec mon bâton, vint se jeter à mes pieds et puis m'embrassa en me disant : « Monseigneur, je me réjouis de vous voir repasser avec la houlette, après vous avoir vu venir avec un bâton blanc.... » Le père abbé est un homme fort aimable et plein d'esprit, âgé de soixante-quatre ans, qui m'a promis de me bien dire mes vérités, si je m'écartais des voies de la piété.... On voit dans cette sainte maison des gens de tout état, de toute province, de tout âge. Ils passent toute l'année du noviciat, et souvent même toute leur vie, sans se connaître autrement que de vue. J'ai cru que vous verriez avec plaisir que je m'étendisse un peu sur cette maison, qui est une des plus édifiantes du royaume, où avec douze mille livres de rentes, on nourrit cent cinquante personnes, y compris les domestiques, et par-dessus cela, on reçoit tous les étrangers, et où l'on ne refuse jamais l'aumône ni les remèdes aux pauvres malades, tant le bon Dieu bénit leur travail et leur frugalité. Le bâtiment est très-pauvre : M. le cardinal de Fleury leur fit donner trente mille livres pour le réparer; mais plus de cinquante religieux habitent encore un dortoir où ils courent risque de leur vie. Au reste, j'admire bien plus leur profonde humilité et leur obéissance d'enfant que toute leur austérité.... Je ne sais si vous pourrez lire ma lettre; je l'écris sur l'eau, et dans un bateau fort agité. Je suis tout à vous en Notre-Seigneur. »

Arrivé à Paris, M. de la Motte alla descendre au séminaire de Saint-Sulpice. Comme sa réputation l'avait précédé, une infinité de personnes du plus haut rang étaient curieuses de juger par elles-mêmes si la renommée n'avait pas exagéré ce qu'elle avait publié à son avantage; ainsi, quelque désir qu'il eût de rester ignoré, il se vit également recherché de la cour et de la ville, et il plut également aux princes et aux grands. Ceux qui avaient le plus d'esprit étaient ceux qui l'appréciaient le mieux. On regardait comme fort extraordinaire qu'un homme qui n'avait jamais approché de la capitale, et qui, du fond d'une province où il avait vécu en missionnaire, se trouvait transporté au centre de l'urbanité, ne s'y trouvât pas plus embarrassé que le courtisan le plus exercé. On admirait avec quelle adresse il savait, dans l'occasion, et sans jamais offenser, ridiculiser les maximes du monde par celles de la raison. Les moins dévots étaient tout surpris de se plaire dans la conversation d'un homme qui pensait tout autrement qu'eux, et qui ne savait pas leur déguiser sa pensée. Partout enfin où le devoir et des bienséances indispensables le conduisirent, il laissa un sentiment profond de respect pour ses vertus et d'affection pour sa personne.

Un des principaux soins du nouvel évêque, pendant le séjour qu'il fut obligé de faire à Paris, ce fut d'y voir les jeunes gens de son diocèse, et les ecclésiastiques surtout qui étudiaient dans l'université, de s'informer de leur conduite, et de leur faire connaître à quelles conditions ils pourraient prétendre à sa bienveillance.

Ses affaires terminées, il s'empressa de quitter la capitale, et continua son voyage comme il l'avait commencé, accompagné alors de quelques ecclésiastiques de son diocèse, qu'il associait à ses exercices de piété. Sa voiture lui servait d'oratoire; il y récitait son office et ses prières de dévotion; il y faisait son oraison, ses lectures et sa préparation à la messe qu'il disait tous les jours. Outre ces exercices, il fixait encore un temps pour le silence et le recueillement; et les entretiens qu'il avait ensuite ne roulaient que sur les devoirs qui l'attendaient, et les moyens qu'il pourrait employer pour s'en acquitter dignement. Portant déjà tout le poids de la sollicitude pastorale, il pensait continuellement à son troupeau, il en parlait avec affection, il s'informait de ses besoins dont il projetait déjà les remèdes. Dans la pieuse intention de consacrer les premiers pas de son apostolat, par l'invocation de la sainte Vierge et des autres saints patrons de son église : « Vous m'avertirez, dit-il aux ecclésiastiques qui l'accompagnaient, lorsque j'approcherai des limites de mon diocèse. » Ils n'eurent pas besoin de le faire, et il lui fut aisé de s'en apercevoir lui-même, lorsqu'il vit des troupes de paysans venir à sa rencontre et se prosterner sur son passage pour recevoir sa bénédiction. Il arriva à Montdidier, ville de son diocèse, la veille de la Nativité, et y séjourna le jour de la fête. Le temps qu'il ne passa pas à l'église, il l'employa à recevoir les compliments d'usage, à voir les ecclésiastiques de la ville, à visiter les communautés et les maisons de charité. Il reçut aussi, ce même jour, les vœux d'une religieuse; il donna le voile à une autre, et fit une instruction analogue à la circonstance.

Plus il approchait de sa ville épiscopale, plus il se livrait aux pieux mouvements de son zèle. A la vue de son église cathédrale, qui se découvre de quatre à cinq lieues, il salua de nouveau, par de ferventes prières, les saints protecteurs de son troupeau. Avant d'entrer dans Amiens, il s'arrêta à l'abbaye de Saint-Acheul, pour y visiter le tombeau du martyr saint Firmin, premier évêque du diocèse. Son entrée dans la ville, fut magnifique, et ressemblait à un triomphe. Une nombreuse cavalcade et une longue suite d'équipages, sortis à sa rencontre, lui faisaient cortége, tandis qu'un peuple innombrable bordait les chemins, poussant des cris de joie, et se prosternant pour lui demander sa bénédiction. A la vue de ce spectacle, il dit à un des ecclésiastiques qui l'accompagnaient : « Cela me rappelle l'entrée de Notre-Seigneur dans Jérusalem : mais, depuis le dimanche où il méritait cette entrée triomphante, jusqu'au vendredi suivant où il fut jugé digne de mort, quel mal avait-il fait ? »

La réputation dont avait si constamment joui M. de la Motte, était un préjugé bien favorable pour ses diocésains; mais lorsqu'on a un puissant intérêt de connaître un homme, les présomptions de mérite ne suffisent pas, on en veut des preuves. Ainsi, dès que le nouvel évêque parut dans sa ville épiscopale, tous les yeux se fixèrent sur lui; on observa ses actions, on pesa ses paroles, on étudia ses intentions; et tout ce que l'on remarqua fut à son avantage. Il plut infiniment d'abord, par le ton d'aisance avec lequel il reçut les compliments que lui firent les différents corps; par les choses flatteuses qu'il y répondit, par le gracieux accueil qu'il fit à tous ceux qui se présentèrent à lui. On admira comment il savait allier la dignité de la représentation avec la plus grande simplicité extérieure et l'humilité la plus vraie. On remarqua d'abord le talent merveilleux qu'il avait de faire passer les leçons de la raison ou de la religion sous les saillies ingénieuses de la gaieté. Et, comme il était de ces caractères ouverts qu'on apprécie en es voyant, ses diocésains dirent de lui, à son arrivée, ce qu'ils en dirent toute sa vie, qu'ils avaient le plus saint et le plus aimable des évêques.

Jamais homme n'aima moins que M. de la Motte les compliments, auxquels cependant il savait si bien répondre, et pour faire voir le cas qu'il faisait de ces louanges de cérémonie, il appelait la chambre dans laquelle il les recevait, *la salle des mensonges*. La première fois qu'il entra dans sa cathédrale, après avoir fait son acte d'adoration, il alla prier sur le tombeau de M. de Sabathier son prédécesseur. « Dieu et le roi, dit-il, me l'ont donné pour modèle. » Comme au sortir de l'église, on lui en faisait remarquer avec soin la superbe structure et toutes les proportions. « Il est vrai, dit-il, que si quelque chose paraît grand ici après le maître, c'est sa maison : il faut cependant qu'un jour cette maison périsse. » Comme s'il eût voulu par là donner une leçon à ces hommes légers et frivoles que nous voyons si souvent venir s'extasier à la vue des beautés périssables qui décorent nos temples, sans le moindre retour de foi sur la majesté de Dieu qui les remplit.

A peine l'évêque d'Amiens fut-il arrivé dans son diocèse, qu'il commença ses travaux apostoliques. Son goût décidé pour la simplicité lui épargna tous les embarras du faste. Le soin de son ameublement fut le moindre de ceux qui l'occupèrent. Quelques instants suffirent à l'arrangement de son palais; et la première année de son épiscopat, semblable à toutes celles de sa vie, fut pleine de bonnes œuvres de tous les genres, et pourrait servir de règle aux prélats les plus zélés pour leurs devoirs. Il fit pendant cette année quatre ordinations : elles sont toujours très-nombreuses à Amiens. Il examina les sujets par lui-même; et pendant les retraites qui précédèrent ces ordinations, il fit plusieurs entretiens. Il officia pontificalement dans sa cathédrale, et il y prêcha aux fêtes solennelles. Il prêcha dans d'autres églises un nombre de sermons et de panégyriques. Il présida à deux retraites qu'il établit en faveur des vicaires. Il donna dans sa ville épiscopale une mission qui dura six semaines. Il assista à une assemblée provinciale qui se tint à Reims. Il parcourut toutes les villes de son immense diocèse; il officia pontificalement dans toutes, et il y prêcha. Il reçut des professions et donna l'habit religieux dans plusieurs communautés. Il fit sa visite pastorale dans huit ou dix, ainsi que dans toutes les paroisses d'Amiens. Il commença la visite générale de son diocèse, et visita cette année environ quatre-vingts paroisses, où il prêcha et donna la confirmation. Je ne parle point de ses relations de bienséance ou de nécessité, de sa correspondance avec son diocèse et avec celui qu'il venait d'administrer, ni d'une infinité de devoirs attachés à l'épiscopat, et que personne ne remplit jamais mieux que lui. Ce premier début fut sa règle invariable; et, pendant plus de quarante ans qu'il occupa le siége d'Amiens, il trouva dans l'amour de l'ordre et du travail, et surtout dans la plus exacte résidence, le moyen de suivre dans le plus grand détail, l'administration d'un diocèse dont l'étendue demanderait les soins et tout le zèle de deux évêques.

Avant même que les circonstances lui eussent permis de commencer sa résidence, il se sentait déjà commandé par le devoir d'y être fidèle, et il écrivait à un ecclésiastique de confiance : « Je désire extrêmement ma résidence, que je ne romprai guère, et je m'attends à une vie de peine et de travail. » Il trouvait fort singulier d'entendre quelquefois dire naïvement, qu'un évêque avait été exilé dans son diocèse. « C'est à la cour ou dans la capitale, disait-il, que nous sommes exilés; mais c'est une plaisanterie méchante que de dire d'un père, qu'on l'a exilé au milieu de sa famille et de ses enfants. » Il disait encore qu'un des plus grands regrets qu'il pourrait avoir à la mort, ce serait de ne pas mourir au milieu de son troupeau. Pendant tout le temps de son épiscopat, il ne célébra pas une seule fois la Pâque hors de son église ; il ne se permit pas un seul voyage d'agrément hors de son diocèse : il n'alla que trois fois dans sa patrie, et pour affaires indispensables. Sa qualité de supérieur des carmélites de Saint-Denis le conduisit plusieurs fois aux portes de la capitale, sans qu'il y entrât, quoiqu'il y eût beaucoup d'amis et de très-affectionnés. Souvent invité, toujours désiré par la famille royale, il ne parut que très-rarement à la cour.

Pour mieux s'affectionner au devoir de la résidence pastorale, il se proposa de le remplir toute sa vie dans la même église. Le siége de Nîmes étant venu à vaquer, quelqu'un lui conseillait de songer à un changement qui le rapprocherait de sa patrie. « Dieu m'en préserve, répondit-il, *hìc habitabo quoniàm non elegi eam.* » Sa grande consolation, parmi les peines et les sollicitudes de l'épiscopat, c'était de penser qu'il n'avait pas fait la moindre démarche pour y parvenir : comment eût-il pu en faire pour se procurer un siége plus avantageux? Sa profonde humilité lui persuadait qu'il était déjà trop élevé. Dans une circonstance où son mérite et ses vertus le faisaient placer, par la voix publique, sur le siége de Paris, voici ce qu'il répondait à ceux qui lui en faisaient le compliment : « Comment des gens de bon sens peuvent-ils croire que je devienne archevêque de Paris? jamais bruit n'a eu moins de fondement ; et Dieu ne l'a permis que pour me rendre honteux et me faire expier, par cette confusion, les folies de ma vanité. — Je vous prie de dire, en toute occasion, qu'on n'a jamais pensé à moi pour Paris. Il ne convient pas de laisser croire ce qui n'est pas, ni même de se taire. » Il y avait cependant un cas où il n'aurait pas voulu blâmer un évêque qui aurait demandé sa translation : c'était celui où, après avoir longtemps travaillé dans un grand diocèse, il aurait pu en obtenir un plus petit dans sa vieillesse, sans autre dessein, en cela, que de se ménager plus de temps pour se préparer à la mort.

Il est aisé d'imaginer que ce n'était point par une présence muette et stérile qu'un tel pasteur se proposait de remplir le précepte de la résidence. Toujours en action au milieu de son troupeau, il se portait successivement dans tous les endroits de son diocèse où il jugeait que son ministère pouvait être plus utile ; et il aurait cru pécher contre la résidence, s'il n'en eût ainsi partagé le bienfait entre tous ses diocésains.

Il passait toujours le temps de l'avent et celui du carême dans sa ville épiscopale ; et lorsqu'il était en cours de visite, il faisait en sorte de s'y rendre à l'approche des solennités ou des ordinations. Il officiait si régulièrement dans sa cathédrale, à toutes les fêtes solennelles, que, si par hasard il y manquait, le peuple alarmé demandait s'il était malade. Toutes les fois qu'il avait officié pontificalement le matin, il faisait le soir une instruction à son peuple, qui, toujours avide d'entendre la parole de Dieu de sa bouche, remplissait ces jours-là son église, la plus vaste peut-être du royaume.

Jusque dans la plus extrême vieillesse, il faisait la procession solennelle le jour du Saint-Sacrement, et chantait la messe après ; il officiait pontificalement à tous les offices de Noël, tant de la nuit que du jour ; il faisait, dans sa cathédrale, toutes les cérémonies pontificales prescrites pour la semaine sainte et pour le jour des cendres; et, avant ces cérémonies, il adressait aux assistants une courte instruction sur ce qu'elles signifiaient.

Il faisait régulièrement toutes les ordinations des Quatre-Temps, et dans la nécessité d'en omettre une, il eût trouvé moins d'inconvénients à abréger de trois mois l'épreuve des sujets bien connus, et à prolonger d'un pareil espace de temps celle des sujets douteux, qu'à les adresser, pour les saints ordres, à des évêques étrangers. « Ce serait, disait-il, les exposer à des frais de voyage onéreux pour la plupart, au danger de l'infraction du jeûne ecclésiastique, et au danger plus inévitable de la dissipation, si nuisible aux opérations de la grâce. »

Le premier objet de la sollicitude pastorale du nouvel évêque, et le plus solide fondement du bien qu'il opéra dans la suite de son pontificat, ce fut l'attention toute particulière qu'il donna à l'éducation de la jeunesse. Toutes les maisons d'instruction, depuis son séminaire jusqu'à la dernière école de campagne, avaient des droits privilégiés à sa protection. Il se faisait rendre compte, et il s'assurait par lui-même des méthodes employées dans les colléges, les communautés religieuses et les petites écoles de son diocèse pour l'instruction chrétienne de la jeunesse. Lorsque les jésuites quittèrent les colléges de France, il proposa au roi et aux premiers magistrats du royaume les moyens qui lui paraissaient les plus convenables pour remplir le vide que laissaient ces religieux dans l'éducation publique; et peut-être que, si l'on eût eu plus d'égards alors à ses représentations, on déplorerait moins aujourd'hui les abus introduits dans l'éducation.

Mais ce que le prélat avait particulièrement à cœur,

c'était l'éducation ecclésiastique de son jeune clergé. Il n'était pas encore arrivé à Amiens qu'il s'en occupait déjà ; et, en s'ouvrant à un homme de confiance, sur l'emploi qu'il se proposait de faire de son temporel, il lui marquait : « Je suis toujours de plus en plus résolu de donner à l'éducation des ecclésiastiques ce que je pourrai ; car si le clergé est bon, tout le deviendra. Je ne garde ma petite abbaye que pour continuer ce que je faisais pour ceux de Senez, que j'entretiens au séminaire d'Avignon, en payant la moitié de leur pension. On ne peut trop faire de ce côté ; et, s'il fallait me réduire au pain, je le ferais, car tout vient de là. »

Le séminaire d'Amiens fut rebâti sous son pontificat, distribué suivant ses vues. Il avait projeté de fonder un petit séminaire à Abbeville, qui est, après Amiens, la plus considérable des villes de son diocèse. Déjà il avait acheté, de ses deniers, un local convenable, et le roi avait autorisé son projet par des lettres patentes, lorsqu'il se vit forcé d'y renoncer par les obstacles qu'on lui suscita. Libre de disposer des fonds considérables qu'il avait destinés à cet établissement durable, il les consacra sur-le-champ à toutes sortes de bonnes œuvres, en disant : « Puisqu'on ne veut pas nous laisser faire le bien en long, faisons-le en large. »

Les soins et les travaux ne lui coûtaient pas plus que la dépense, dès qu'il s'agissait de son jeune clergé. Il renouvela les règlements de discipline de son prédécesseur, relatifs à l'entrée dans l'état ecclésiastique. Il fallait qu'un sujet, pour recevoir la tonsure, fût au moins âgé de quatorze ans, qu'il fût en rhétorique, ou sur le point d'y entrer, et qu'il eût assisté régulièrement, pendant six mois, à des conférences ecclésiastiques établies dans la ville épiscopale. Tous les jeunes gens qui se destinaient à l'état ecclésiastique étaient tenus de suivre ces exercices pendant leur cours de philosophie, et pendant deux années de théologie, qui précédaient leur entrée dans le séminaire, où ils passaient encore deux ans. Le saint évêque faisait lui-même l'ouverture de ces conférences, et il y assistait quelquefois pour s'assurer du progrès des élèves dans la connaissance du saint état auquel ils aspiraient.

Le séminaire d'Amiens est sous la direction des vertueux disciples de *saint Vincent de Paul* : M. de la Motte s'en félicitait; et une congrégation qui jouit à si juste titre de la confiance du clergé de France, ne pouvait manquer d'obtenir la sienne; elle la posséda entièrement, et dans tous les temps. Ce fut toujours dans son séminaire qu'il choisit le directeur de sa conscience, charmé de pouvoir offrir à ses jeunes clercs cette preuve de son estime pour les personnes chargées de les former aux sciences et aux vertus de leur état.

Outre les bonnes mœurs et la piété, le prélat exigeait des jeunes ecclésiastiques qui habitaient son séminaire ou qui en postulaient l'entrée, une mesure de talents et de connaissances dont il était lui-même l'appréciateur et le juge. Attentif à tout ce qui peut encourager et soutenir les études théologiques, il ne dédaignait pas de faire la visite des classes : il y entrait au moment où il était le moins attendu; il s'informait du sujet de la leçon, et en faisait rendre compte aux étudiants. Aucun sujet n'était admis dans son séminaire, qu'après avoir subi, en sa présence, un examen sur les matières théologiques qu'il avait étudiées pendant deux ans. Il se trouvait également à tous les examens qui précédaient les ordinations. Et, pour épargner à ses coopérateurs l'embarras ou l'odieux des refus, il faisait en sorte d'en être seul chargé, en recommandant aux directeurs du séminaire de réserver pour son bureau tous les sujets dont la capacité était équivoque. Il leur parlait avec une extrême bonté ; il simplifiait les questions, il les proposait en termes clairs, et les plus propres à dégager leurs idées. Il portait quelquefois la condescendance jusqu'à leur permettre de s'expliquer en français ; mais, lorsqu'après les avoir ainsi sondés, il découvrait en eux un fond d'ignorance radical, il était inébranlable dans la résolution qu'il prenait de leur fermer l'entrée du sanctuaire, quelle qu'eût été d'ailleurs leur naissance et même leur vertu : aucune bonne qualité ne pouvait couvrir, à ses yeux, l'insuffisance des talents.

Regardant comme bien court encore l'espace de quatre années que les ecclésiastiques employaient à l'étude de la théologie, il prit des mesures pour que tous les instants en fussent ménagés. Suivant ses intentions, les professeurs de théologie, tant de son collége que de son séminaire, bannissaient de leurs classes les questions plus curieuses qu'utiles, et tous les systèmes de pure érudition. Ils ne dictaient point de cahiers ; le prélat les en avait dispensés, persuadé qu'ils emploieraient plus utilement leur temps à interroger et exercer leurs disciples, et à leur faciliter l'intelligence des matières par des explications plus approfondies.

Enfin, le zélé pasteur, pour ne négliger aucun des moyens qui pouvaient contribuer à édifier et former son clergé, faisait de fréquentes visites dans son séminaire, il y donnait des instructions à toutes les retraites. Il avait un appartement où il se retirait souvent, et sa seule présence y était, pour les jeunes ecclésiastiques, un prédicateur éloquent de toutes les vertus de leur état.

Après tous ses soins donnés à l'éducation de son clergé, M. de la Motte s'appliquait à entretenir et renouveler en lui l'esprit sacerdotal. C'est dans cette vue qu'en différents temps il adressa, tant aux curés qu'aux confesseurs, d'excellentes instructions sur les parties les plus essentielles du saint ministère : c'est dans cette vue qu'il établit, dans son diocèse, un ordre de relations, le plus propre à prévenir les abus ou à les lui faire connaître. Chaque année, tous ses curés recevaient, pour le moins, deux visites : l'une d'un archidiacre ; elle avait pour objet les comptes des fabriques, la tenue des églises, et tout ce qui concerne la décence du culte divin, l'instruction chrétienne de la jeunesse, et enfin une information discrète sur la conduite des curés et vicaires, et la manière dont ils s'acquittaient de leurs devoirs. La seconde visite des paroisses était faite par un doyen, attaché à un canton particulier, et chargé de veiller à l'exécution des ordonnances tant de l'évêque que de l'archidiacre. Ce doyen devait, comme l'archidiacre, rendre compte à l'évêque de sa visite, par un procès-verbal dressé sur les lieux, avec les formalités de droit.

Outre cela, les curés étaient tenus d'assister, tous les ans, à deux chapitres présidés par les doyens : l'un après Pâques, où se faisait la distribution des saintes huiles ; l'autre au mois d'octobre ; et immédiatement après à un synode général tenu par l'évêque. Chaque doyen, en faveur des curés de son district qui n'avaient pas pu se trouver à ce synode, rendait compte de ce qui s'y était passé, et faisait la publication des règlements ou ordonnances qui en avaient été le résultat. C'était aussi dans cette assemblée que le doyen remettait à tous les prêtres approuvés de sa division leurs pouvoirs, dont il était chargé de demander la rénovation.

Le synode annuel était une assemblée générale, que faisait M. de la Motte, de tous les prêtres de son diocèse, pour leur donner des avis généraux ou de particuliers, suivant ses lumières et celles que lui communiquaient les archidiacres et les doyens qui, quelques jours avant cette assemblée, s'étaient rendus auprès de lui pour lui mettre sous les yeux les procès-verbaux de leurs visites. C'était d'après cette connaissance exacte des besoins de son diocèse, que le prélat dressait ses ordonnances qu'il faisait imprimer et parvenir à tout son clergé.

Sans préjudice de ses visites pastorales, dont nous parlerons ailleurs, l'évêque d'Amiens faisait quelquefois, dans une seule année, la visite générale de tous ses curés, en parcourant les vingt-six doyennés qui partageaient son diocèse, aux époques où les doyens tenaient leur chapitre. C'était pendant un de ces cours de visites, et à l'âge de quatre-vingt-six ans, qu'il écrivait à l'abbé de la Trappe : « Voici la preuve de ma santé : tous les curés se trouvent, autant qu'il leur est possible, à la distribution des saintes huiles; j'y assiste, et leur fais partout un discours de trois quarts-d'heure. D'un doyenné je passe à l'autre : je fais demain le onzième. Le dimanche je me repose, parce que les curés ne sortent pas de chez eux. »

Mais de tous les moyens employés par le saint évêque pour maintenir la régularité parmi ses prêtres, il n'en est aucun dont les fruits aient été aussi abondants que celui des retraites qu'il leur procurait. Il en faisait quelquefois donner deux par an; l'une pour les curés, l'autre pour les vicaires; et au moins toujours une. Depuis le discours d'ouverture de chaque retraite qu'il faisait lui-même, jusqu'à celui de la clôture, dont il se chargeait également, il habitait son séminaire; il présidait à tous les exercices publics; il disait la messe de communauté; il mangeait au réfectoire au milieu de ses prêtres; il leur parlait chaque jour pendant une heure sur leurs devoirs, et toujours avec cette onction irrésistible qui éclaire les esprits et pénètre les cœurs; il rappelait les vicaires à la sainteté de leurs engagements et aux saintes instructions qu'ils avaient reçues dans le séminaire; il les excitait à chercher leur force dans la retraite, l'étude et la prière; il leur offrait pour modèle dans l'exercice du ministère, l'exemple des curés les plus recommandables par leur zèle et le bon emploi de leurs talents; il recommandait aux curés l'instruction publique et familière, le soin de la jeunesse, l'assiduité au confessionnal, les visites fréquentes des malades avant et après la réception des sacrements; il leur recommandait une affection paternelle pour leurs vicaires, une tendre compassion pour les pécheurs et pour les pauvres, un noble désintéressement dans les affaires temporelles, une attention particulière à prévenir ou à pacifier les différends entre leurs paroissiens, et enfin tous les égards et les ménagements que peut permettre la conscience, pour vivre en bonne intelligence avec les autorités du lieu; il les avertissait encore que jamais ils ne rempliraient dignement ces devoirs, qu'ils resteraient toujours au-dessous de la sainteté nécessaire à un prêtre, député pour offrir tous les jours les sacrés mystères, s'ils n'étaient des hommes de prières, s'ils n'avaient soin de se précautionner contre la dissipation, et d'éviter surtout la société des ecclésiastiques relâchés. « J'espère tout, disait-il, pour le salut d'un prêtre fidèle à donner tous les jours une demi-heure à la méditation de ses devoirs, et je crains tout pour celui qui néglige cette pratique. »

Tout le bien qui résultait de ces instructions publiques, dans les retraites ecclésiastiques, n'était pas comparable encore à celui que faisait M. de la Motte dans ses entretiens particuliers avec ses prêtres. Il profitait des intervalles qui séparaient les exercices communs de la journée, pour les voir tous les uns après les autres. C'est alors que prenant avec eux le ton d'un bon père, comme il en avait toute la tendresse, il ouvrait leurs cœurs à la confiance, il écoutait leurs demandes, il éclaircissait leurs doutes, il donnait à chacun les avis qui lui convenaient; et après avoir encouragé la faiblesse des uns, réglé le sort des autres, il les renvoyait tous avec un nouveau degré d'estime pour leur saint pasteur, et d'ardeur pour leurs devoirs. Il était si convaincu de l'importance de ces secours spirituels pour son clergé, que, jusqu'à l'âge de quatre-vingt-douze ans, il ne laissa pas passer une seule année sans les lui procurer.

Un des points sur lesquels il insistait le plus dans les avis, tant publics que particuliers, qu'il donnait aux curés, c'était l'obligation d'annoncer la parole de Dieu à leurs paroissiens. Il composa en leur faveur une instruction pastorale sur la manière de l'annoncer avec fruit; et il n'eut besoin pour cela que de leur faire l'exposé de la méthode qu'il suivait lui-même avec tant de succès. « Ne prêchez pas longuement, disait-il quelquefois, mais faites-le souvent. » Il désirait que, dans les moindres paroisses de campagne, le peuple entendît une courte instruction tous les dimanches; et c'était bien moins, selon lui, les talents que le zèle qui manquait aux pasteurs qui négligeaient ce devoir. « Il faut, disait-il, avoir bien peu Dieu dans le cœur, pour ne pouvoir pas parler de lui ou de sa sainte loi avec intérêt, pendant un quart-d'heure. »

Si par infirmité ou autrement, un curé se trouvait dans une impossibilité réelle d'annoncer la parole de Dieu à ses paroissiens, il lui faisait un devoir de conscience de faire acquitter par un autre cette dette sacrée de son emploi. Il permit et conseilla même à quelques vieux ecclésiastiques, qui lui alléguaient le défaut de mémoire ou une timidité insurmontable, de lire en chaire les instructions qu'ils avaient préparées. Tous les vicaires de son diocèse étaient tenus de prêcher au moins une fois chaque mois; et la rénovation de leurs pouvoirs était attachée à leur fidélité de s'acquitter de ce devoir.

Il recommandait souvent aux jeunes prédicateurs de ne point se prêcher eux-mêmes, de ne pas perdre à limer un discours d'appareil, un temps qui leur suffirait pour composer plusieurs instructions simples et touchantes, beaucoup plus utiles pour la sanctification des âmes. Il leur faisait sentir l'importance de parler avec ordre et clarté, de se mettre à la portée de leur auditoire, et de descendre, sans bassesse, jusqu'aux détails qui instruisent. Il voulait que, dans les tableaux qu'ils feraient des vices ou des vertus, ils évitassent les exagérations qui exposent la vérité au mépris, et les déclamations vagues qui ne la font point goûter. « Ne faites pas toujours, leur disait-il, de la vertu dont vous parlez, la première des vertus, et du saint que vous prêchez, le plus grand de tous les saints. Ayez soin de ne pas confondre les devoirs et les préceptes avec les conseils, et de classer chaque sujet dans l'esprit de vos auditeurs, au rang que lui assignent la raison ou la foi. Mais, par-dessus tout, pénétrez-vous bien vous-mêmes des vérités que vous annoncez aux autres, et que toute votre conduite leur rappelle vos sermons. » Il disait que l'on ne prêche point avec le zèle qui persuade ce que l'on craindrait de pratiquer soi-même, et qu'il serait aisé de prouver que depuis le siècle des apôtres, jusqu'au nôtre, les plus éloquents des prédicateurs avaient été les plus saints.

Il n'était pas possible que le saint évêque, ayant sans cesse les yeux ouverts sur son clergé, ne connût tous ses prêtres, et qu'en les connaissant tous, il n'en connût quelques-uns dont la conduite répondait peu à la sainteté de leur ministère. C'était là sa plus cruelle affliction, et dans une lettre à l'abbé de la Trappe : « La grande et très-grande amertume que Dieu répand sur ma vie, disait-il, ce sont les mauvais prêtres ; rien n'y est comparable. » Et c'était, ajoutait-il, ce qui lui faisait désirer comme une insigne faveur, qu'on lui permît de quitter son évêché. Le contraste des mauvais prêtres avec les bons devait être d'autant plus frappant à Amiens, qu'il y avait plus de régularité dans le clergé ; et l'on peut dire aussi que les mauvais prêtres d'un si saint évêque devaient être plus mauvais encore que d'autres, parce qu'ils ne pouvaient l'être qu'avec plus de malice, et en bravant plus de remords.

Ce qui affligeait le plus M. de la Motte, après la douleur d'avoir trouvé des coupables, c'était la nécessité de les punir ; il ne le faisait qu'à regret, et l'on n'eut jamais à craindre qu'il se laissât prévenir par la calomnie, qui attaque quelquefois les ecclésiastiques les plus vertueux. Il avait pour maxime qu'il vaut mieux absoudre dix coupables, que de condamner un innocent. Mais aussi, les preuves du mal une fois acquises, nulle considération ne pouvait l'empêcher d'y remédier. Il essayait d'abord les remontrances paternelles, qui quelquefois produisaient le repentir. Si elles étaient sans effet, il menaçait avec l'autorité d'un pasteur; et s'il n'était pas écouté, il agissait avec la fermeté d'un juge. On lui parla quelquefois du scandale qui résultait de la punition d'un prêtre : « Pour moi, répondait-il, je ne connais pas de plus grand scandale que l'impunité d'un prêtre scandaleux. » Il ajoutait qu'il y avait bien moins à s'affliger, qu'à rendre grâces à Dieu, lorsque l'inconduite d'un mauvais prêtre, venant à se trahir, parvenait à un degré de notoriété qui en déterminait la punition, et empêchait que l'offense de Dieu se perpétuât dans les ténèbres. Quoiqu'il sût et qu'il dît quelquefois lui-même, que les maisons de force n'opéraient que des conversions forcées, il lui arriva cependant d'y faire renfermer quelques prêtres de son diocèse, mais moins, disait-il, dans l'espérance de les ramener par là, que par la nécessité de réprimer le scandale qu'ils donnaient, et de les mettre dans l'impuissance de le continuer. Sa longue expérience lui faisait dire que de tous les miracles de la grâce, le plus rare était la conversion d'un mauvais prêtre. Il regardait surtout comme désespéré, le changement de ceux qui s'étaient laissés dominer par la passion de l'argent ou par celle du vin. Entre plusieurs traits qu'il citait pour appuyer son opinion sur la difficulté de la conversion d'un ivrogne, le plus frappant est celui-ci : « Un prêtre de son diocèse, conduit dans une maison de force, pour excès scandaleux dans le vin, parut rentrer en lui-même dès la première année de sa détention, et continua à donner des marques soutenues de repentir et de sobriété pendant quinze ans, au bout desquels le prélat crut devoir lui procurer son élargissement. Le soir même de sa sortie, il entre dans une auberge; il y retrouve sa passion pour le vin, il la satisfait, il s'enivre; et par un terrible jugement de Dieu, ce nouvel excès est le dernier de sa vie; il joint le sommeil du vin au sommeil de la mort, et on le trouve le lendemain étouffé dans son lit.

Parmi les chagrins que donnait au prélat l'inconduite de quelques-uns de ses prêtres, il cherchait sa consolation dans le grand nombre de ceux qu'il voyait fidèles à leurs devoirs. « Je n'aurais pas à me plaindre, disait-il, quand, je trouverais comme le Sauveur du monde, un mauvais prêtre sur douze; mais je vois, Dieu merci, une proportion plus consolante pour moi dans mon diocèse. » Les bons prêtres, ceux qui tendaient à la perfection de leur état, trouvaient en lui le premier de leurs amis, un protecteur toujours prêt à les seconder dans les louables entreprises que leur suggérait leur zèle pour le salut des âmes. Comme la vertu réglait seule son estime, c'était au plus vertueux qu'il en donnait des marques plus spéciales, sans acception des rangs ni des emplois. On le vit pendant la maladie d'un vicaire dont il connaissait le zèle et la piété, le visiter deux fois chaque jour, lui administrer lui-même les derniers sacrements, et lui procurer de ses deniers tous les secours qu'on croyait pouvoir contribuer à sa guérison. Lorsque la mort lui enlevait un bon prêtre, il le pleurait avec le cœur d'un père qui pleure un enfant. On imaginerait après cela que la perte d'un bon sujet, que des circonstances appelaient dans un autre diocèse, aurait également dû l'affecter : il n'y pensait pas; il n'aurait pas fait la moindre démarche pour le retenir. « Il n'y a, disait-il, qu'un troupeau et qu'un pasteur; pourvu que ce bon sujet, en me quittant, fasse le bien ailleurs, c'est comme s'il le faisait ici; penser autrement, c'est ne pas honorer assez la communion des saints. »

Il annonçait le même désintéressement dans la nomination aux bénéfices, quoique sous un autre rapport. Il n'envisageait qu'avec crainte l'obligation d'y pourvoir. « Quant aux bénéfices, écrivait-il à une personne de confiance, j'estime très-grande la charge de les donner; et je vous avouerai que je serais ravi qu'ils fussent donnés par d'autres : c'est un écueil des plus dangereux; et, en vérité, je n'assurerais pas que les prélats, même les mieux intentionnés, fissent sur cela leur devoir de manière à être absolument sans reproche. » Aussi remerciait-il la Providence, au lieu de se plaindre, lorsque des circonstances particulières, telles que le privilége des grades ou celui de la résignation, le privaient du droit de nomination. Le seul regret qu'il eut quelquefois marqué dans ces occasions, c'était de voir éloigner le moment où il pourrait placer plus avantageusement d'anciens vicaires que leurs bons services lui rendaient recommandables.

Connaissant de quelle importance il est que la bonne intelligence règne entre le curé et le chef temporel de la paroisse, il entrait quelquefois dans les vues d'un seigneur qui résidait dans ses terres, et lui accordait pour curé le sujet qu'il désirait, pourvu qu'il lui connût d'ailleurs les qualités propres à la place. Mais en usant de cette condescendance, il observait au seigneur qu'il n'était pas sans exemples que les curés demandés se brouillassent avec leurs protecteurs, soit que ceux-ci voulussent exiger trop de complaisance, ou que les curés se l'imaginassent. « Et, en pareil cas, ajoutait-il, vous ne trouveriez pas mauvais que je n'écoutasse pas les plaintes que vous porteriez contre votre propre choix. » La recommandation la plus impérieuse l'était toujours moins que sa conscience, dès qu'il s'agissait d'un bénéfice à charge d'âmes.

Une princesse de la famille royale lui écrivit un jour en faveur d'un sujet qu'elle lui présentait pour une cure. Le saint évêque lui répondit avec une respectueuse liberté, que demander des bénéfices de cette nature, c'était pour toutes sortes de personnes s'exposer à charger sa conscience, mais beaucoup plus encore pour une grande princesse comme elle, dont la recommandation devait être du plus grand poids. La réponse que fit la princesse au prélat mérite de trouver place ici. « Bien éloignée, monsieur, d'être fâchée du bon conseil que vous me donnez, de ne jamais demander des places où il y aurait charge d'âmes, je vous en remercie, et trouve que vous avez grande raison. Je puis vous assurer que je ne vous aurais jamais demandé cette cure, si je n'avais été persuadée que si le sujet ne convenait pas, vous ne la lui donneriez point, et que vous me le diriez avec cette franchise que je vous connais et que j'estime si fort. Je vous avoue même qu'à tout autre, en qui je n'aurais pas eu la même confiance, je n'aurais pas hasardé cette demande. » On ne peut que partager ici son admiration entre le prélat et la princesse : c'est Ambroise qui parle, et Pulchérie qui répond.

L'évêque le plus zélé a besoin de coopérateurs dans l'administration d'un grand diocèse. M. de la Motte n'avait, pour grands vicaires, que des hommes d'un vrai mérite et d'une piété peu commune : il savait les choisir, et, à son école, ils devenaient tout ce qu'il voulait qu'ils fussent. Les abbés de Brantes et de Bragelongue, furent deux élèves vraiment dignes d'un si grand maître. Le premier avait su joindre, dans sa jeunesse, les vertus chrétiennes aux vertus militaires, et il était chevalier de Saint-Louis. Il remplissait le pénible office d'archidiacre avec tant de zèle et de succès, que M. de la Motte le jugea digne de l'épiscopat; et, dans un temps où il méditait sa retraite, ne connaissant pas encore l'abbé de Machault, il avait demandé avec instance l'abbé de Brantes pour son successeur : mais, peu de temps après qu'il lui eut donné cette preuve éclatante de sa confiance, il eut la douleur de le perdre; il le pleura amèrement. Il composa lui-même son éloge funèbre, qu'il adressa à tous les ecclésiastiques de son diocèse. Il leur dit : « Qu'ils l'ont vu vivre, au milieu d'eux, dans la pratique de toutes les vertus qui font les saints prêtres, et qu'il est mort avec le courage et la patience des martyrs. »

La vertu de l'abbé de Bragelongue avait un caractère de douceur et d'aménité, qui le rapprochait beaucoup de celle du saint évêque, aussi l'aimait-il avec tendresse; et à sa mort il soulagea également sa douleur, en le proposant à son clergé comme un parfait modèle des vertus ecclésiastiques. « Je puis, dit-il, rendre ce témoignage, que je n'ai jamais connu aucun prêtre qui eût, plus que lui, l'esprit du sacerdoce, et qui en ait rempli les devoirs avec plus d'exactitude; mais ce qui l'a principalement distingué, c'est son zèle contre les erreurs et les vices; il s'y est immolé. Il donnait une grande partie de son temps à l'étude et à la prière : il employait tout le reste à l'instruction et à la prédication, ne se refusant à quoi que ce soit : paroisses de la ville et de la campagne, congrégations, aspirants à l'état ecclésiastique, séminaristes, retraites des vicaires et des curés, missions, communautés religieuses, aucun état, en un mot, qui ne se soit ressenti de son zèle. » Heureux les diocèses dont les évêques peuvent rendre publiquement de pareils témoignages à ceux qu'ils ont appelés à partager leur sollicitude pastorale !

Rien ne paraissait à M. de la Motte plus digne de ses soins, après son clergé, que l'état religieux qui doit en être le supplément par son zèle, et la force par ses prières. Ses sentiments pour les jésuites ne varièrent jamais, et sont connus de toute la France. La société avait toute son estime, et plusieurs de ses membres son amitié particulière. Témoin des bénédictions que le ciel répandit sur les travaux de ces religieux, il aimait à les employer dans toutes les parties du ministère. C'était chez eux qu'il prenait des prédicateurs pour les premières chaires de son diocèse, des directeurs pour ses communautés religieuses, des compagnons de ses courses apostoliques dans les missions. Il applaudissait également et à leurs succès dans l'éducation de la jeunesse dont ils étaient chargés dans sa ville épiscopale, et au zèle avec lequel ils offraient, dans leurs maisons, des moyens de sanctification aux fidèles de tous les états.

En 1761, député par sa province et invité par le dauphin, père du roi, il parut à l'assemblée générale du clergé, indiquée pour éclairer l'autorité sur l'affaire des jésuites, et aucun évêque n'y parla en leur faveur avec un zèle plus convaincant. Il fit plus, il écrivit au roi pour lui exposer les motifs de l'estime qu'il avait vouée à la société; et, lors même que sa dissolution eut été prononcée, il crut devoir encore rendre compte aux fidèles de son diocèse, des sentiments qu'il conservait pour elle; ce qu'il fit par un mandement d'adhésion à la fameuse instruction pastorale de l'archevêque de Paris.

Cependant, lorsque Clément XIV eut porté le décret d'extinction de la société, il le reçut avec la plus édifiante soumission, et répondit à quelques personnes qui lui conseillaient d'écrire au pape à ce sujet : « Que ce n'était point au dernier des évêques à faire ses remontrances au souverain Pontife sur une affaire de cette importance, à laquelle il ne voulait plus penser que pour adorer en silence la profondeur des jugements de Dieu. »

Ce fut une vraie consolation pour le saint évêque, pendant le cours de son pontificat, de voir dans son diocèse plusieurs maisons composées de bons et fervents religieux. Il allait quelquefois s'édifier avec eux : il leur disait souvent, et on pouvait l'en croire, qu'il enviait leur bonheur; qu'il s'estimerait heureux de n'avoir, comme eux, qu'à louer Dieu dans la retraite, et à le goûter dans le silence et la prière. Un des points de la règle commune a tous les religieux dont l'infraction lui paraissait plus inexcusable, c'était l'assistance aux offices divins. Les infirmités mêmes ne devaient pas, selon lui, dispenser du chœur des religieux qui trouvent la maison de Dieu dans leur propre maison.

Les couvents de religieuses étaient également un des grands objets de la sollicitude de M. de la Motte. Il estimait, il respectait ces maisons comme des images précieuses de la primitive Eglise. « C'est là, disait-il, où Jésus-Christ est encore connu et sa morale pratiquée. » Il ne négligeait rien pour leur procurer des guides éclairés dans les voies de la perfection, et lui-même ne refusa jamais d'être le conseil des communautés ou des particuliers qui le consultaient. Il porta même la condescendance jusqu'à être le confesseur ordinaire de quelques religieuses. Il eût souhaité que dans toutes les communautés, toutes les religieuses, ne faisant qu'un cœur et qu'une âme, n'eussent connu qu'un seul guide dans les voies du salut. Il parlait quelquefois du tort que font à la piété ces répugnances puériles, ces préventions de caprice et ces goûts de singularité qu'affectent certaines religieuses. Il leur disait que la multiplicité des confesseurs dans une maison portait une sorte d'atteinte au vœu de pauvreté ; que le bon esprit, que la religieuse parfaite et qui vit de la foi, trouvait toujours l'homme de Dieu et le ministre de Jésus-Christ dans le guide qui lui était adressé par son pasteur. Mais sachant aussi que toutes les religieuses appelées à la perfection n'y sont pas toutes arrivées, après avoir indiqué la règle, il souffrait les exceptions en faveur des faibles.

Lorsque le saint évêque chargeait un ecclésiastique de diriger les religieuses, il lui recommandait de s'appliquer d'abord à bien connaître son troupeau, et à gagner sa confiance par une charité compatissante, et qui s'étendît à toutes. Il voulait qu'il ne plaignît ni temps ni peines pour former Jésus-Christ dans les âmes, pour aider les unes, par de sages conseils, à s'élever jusqu'à la hauteur de leur divin modèle, et empêcher les autres, par de charitables ménagements, de succomber sous le poids du joug volontaire qu'elles se sont imposé. Il ne concevait pas une idée fort avantageuse de l'esprit ni de la piété de ces hommes légers, qui semblent regarder comme un temps perdu celui qu'emploient les prêtres les plus pieux à diriger les âmes dans les voies de la perfection; et sa maxime était qu'aider une âme privilégiée à s'élever jusqu'au degré sublime de vertu auquel Dieu l'appelle, ce pouvait être chose non moins agréable à Dieu que de retirer un pécheur de la fange du vice. « Au reste, ajoutait-il, j'ai toujours remarqué que ceux qui savent le mieux diriger les âmes dévotes, sont aussi ceux qui ont le plus de grâce et le plus de zèle pour travailler à la conversion des pécheurs, lorsqu'ils s'adressent à eux. »

L'estime que le prélat faisait de la vie religieuse, paraît surtout dans l'empressement qu'il avait à en procurer les avantages aux sujets peu riches, en qui il remarquait une véritable vocation. Il payait leur dot, quelquefois en entier, d'autres fois en partie. « Est-ce trop, disait-il, que de donner notre argent pour qui Jésus-Christ a donné son sang? » Le voisinage de l'Angleterre lui procura des occasions précieuses qu'il ne laissa pas échapper d'offrir à la religion de jeunes personnes qu'il avait arrachées à l'erreur, et qui lui demandaient un asile dans son diocèse, contre les dangers de la séduction qu'elles eussent courus dans leur patrie. On le vit quelquefois admettre à la profession religieuse de ces jeunes étrangères dont lui seul savait le nom, mais en qui les sentiments et une éducation soignée découvraient une naissance distinguée.

L'avantage que voyait M. de la Motte à ce qu'un plus grand nombre de sujets puissent se sanctifier loin des écueils du monde, ne lui permit jamais d'approuver que des communautés religieuses préférassent le service des domestiques gagés à celui des religieuses converses. On ne pouvait le faire, selon lui, sans frustrer l'intention des fondateurs, sans blesser la charité et exposer les maisons à plusieurs inconvénients. « Voulez-vous un secret, disait-il aux supérieures, pour être contentes de vos religieuses converses? appliquez-vous à en faire les servantes du Seigneur avant d'en faire les vôtres. »

Il n'est aucune communauté de religieuses, dans l'étendue du diocèse d'Amiens, où le saint évêque n'eût fait plusieurs visites et donné plusieurs instructions publiques et familières. Dans sa ville épiscopale, il exerça toujours les fonctions de supérieur immédiat de toutes les communautés soumises à sa juridiction. Il y officiait aux fêtes des patrons ; il présidait aux élections ; il assistait aux professions et aux prises d'habit, et il était ordinairement le célébrant et le prédicateur de la cérémonie. On le trouvait toujours disposé à donner, dans les couvents, des sermons, des panégyriques et des retraites entières. On vit même ce grand prélat, toujours l'ami des enfants, ne pas dédaigner de donner des cours d'instructions aux jeunes pensionnaires qu'on élevait dans les communautés. Les communautés étaient l'endroit du monde où il aimait le plus à répandre la parole de Dieu, persuadé par l'expérience, disait-il, que c'est la portion du champ du père de famille où elle fructifie au centuple. Lorsqu'il donnait des retraites dans les couvents, si la supérieure le priait de voir sa communauté, il se rendait à la grille pendant la récréation, et ce temps devenait celui d'une instruction aussi agréable qu'édifiante, et toujours trop courte au gré de celles qui la recevaient.

Après avoir ainsi porté son zèle et sa condescendance pour ses religieuses, jusqu'au terme de la plus grande charité, le saint prélat voulait qu'elles répondissent généreusement à la sainteté de leur vocation. Il leur parlait souvent de leur bonheur, et ne leur en montrait la plénitude que dans la fidélité aux moindres pratiques comme aux premiers devoirs de leur état. Ainsi, il ne leur accordait point l'humilité religieuse sans la disposition à une obéissance prompte et aveugle, point d'esprit de pénitence sans une véritable indifférence pour tous les offices et les emplois de la maison, point d'esprit intérieur sans le désir d'oublier le monde et d'en être oubliées. Il soupçonnait toujours de l'illusion dans celles qui se croyaient appelées à la perfection par des voies extraordinaires. « L'humilité et la mortification, écrivait-il à ce sujet, voilà les merveilles de la grâce et le caractère des saints. » Il voulait qu'on donnât la préférence à la mortification intérieure, sans cependant négliger celles du corps; et, dans celles-ci, il n'en eût pas permis une seule extraordinaire aux religieuses qu'il dirigeait, sans savoir si elles pratiquaient bien toutes celles qui étaient prescrites par leur règle ou qui en étaient une suite; par exemple, si elles ne recherchaient point dans le vêtement, la nourriture ou le logement, les petits adoucissements de la sensualité; si les maladies les trouvaient patientes; si, dans leurs petites infirmités, elles n'écoutaient pas les besoins du corps au préjudice de ceux de l'âme. « Je vous recommande, leur disait-il, le soin de la santé, mais un soin médiocre. »

Il désirait que, dans les maisons des religieuses, comme dans leurs personnes, tout rappelât le vœu de pauvreté qu'elles ont fait; que l'on y bâtît avec plus de solidité que d'élégance; que les appartements y offrissent plus de propreté que d'ornements, et les jardins plus d'utile que d'agréable. Il leur disait que l'esprit de pauvreté est un précieux économe dans les communautés, et que les maisons où il règne, trouvaient dans un état de médiocrité un superflu pour les pauvres, tandis que d'autres, beaucoup mieux rentées, se plaignaient de manquer du nécessaire. Il faisait souvent l'éloge de sainte Thérèse, le modèle des supérieures régulières, dont la grande dévotion était de recevoir au nombre de ses filles des sujets qui n'avaient que leur vertu pour dot. Il prouvait que cet esprit de désintéressement, digne des regards de la providence, avait toujours attiré la bénédiction du ciel sur les maisons religieuses; tandis que l'esprit d'intérêt et la cupidité les avait ruinées. « Au nom de Dieu, écrivait-il à une supérieure, ne vous laissez pas séduire par la dot; au contraire, il faut, pour le caractère, être plus raide quand elles ont du bien à donner, que quand elles n'en ont pas; rien de plus pitoyable que les idées de celles qui veulent du bien préférablement au caractère, à la vertu, aux talents et à la santé : on a les mêmes sentiments que dans le monde pour les mariages; on veut du bien, et voilà tout. »

Après avoir ainsi donné ses premiers soins aux deux états destinés à servir de modèles aux autres dans l'Eglise de Dieu, le zélé pasteur, infatigable dans ses travaux, se livrait à toutes les fonctions du ministère apostolique qui pouvaient sanctifier le reste de son troupeau. Nous l'avons vu commencer le cours de ses visites pastorales aussitôt qu'il fut arrivé dans son diocèse; et tous les ans, jusqu'à sa mort, il continua en véritable apôtre cette fonction la plus pénible comme la plus utile de l'épiscopat. Pendant les cinq premières années de sa résidence, il fit la visite d'environ deux cents églises chaque année. Ainsi, pour fournir cette tâche, qui paraîtra effrayante quand on considérera de quelle manière il la remplissait, il était souvent obligé de commencer ses courses avant que le soleil fût levé, pour ne les finir qu'après qu'il était couché. C'était la nuit qu'il prenait le temps nécessaire pour suivre les affaires courantes de son diocèse, pour répondre aux lettres qu'il recevait, pour réciter une grande partie de son office, et satisfaire à ses autres exercices de piété dont il ne se dispensa jamais. Il lui restait quelquefois si peu de temps à donner au sommeil, qu'il ne prenait pas la peine de se mettre au lit; et l'on conserve avec un souvenir de vénération, dans plusieurs châteaux du diocèse d'Amiens, les fauteuils dans lesquels le saint évêque prenait quelques heures de repos pour tout délassement de tant de fatigues. Obligé de modérer son zèle, parce qu'il ne trouvait personne qui pût le suivre dans ses courses apostoliques, il prit des arrangements pour ne plus faire de visites après son dîner; mais alors il n'était pas rare qu'il montât en voiture dès trois heures du matin, et qu'il ne dînât qu'à quatre heures du soir.

C'était le prélat lui-même qui dressait tous les ans son plan de visites; et plusieurs mois avant qu'il se rendît dans une paroisse, il faisait donner avis du jour et même de l'heure de son arrivée. Les curés, pendant cet intervalle, redoublaient de soins pour l'instruction de la jeunesse qu'ils devaient lui présenter pour la confirmation. Ils savaient qu'il ferait un sérieux examen de l'état des vases sacrés, des linges et des ornements sacerdotaux, qu'il visiterait les livres liturgiques, les comptes de la fabrique, les registres des baptêmes, mariages et sépultures; que rien, en un mot, de ce qui tient à la décence du culte, à la propreté du lieu saint, et au bon ordre moral des paroisses, n'échapperait à ses recherches. Cette perspective réveillait l'attention des plus négligents, et l'attente de la visite faisait disparaître plus d'abus, que la visite n'en trouvait à réformer.

A son arrivée dans une paroisse, M. de la Motte commençait par examiner lui-même, avec ses grands vicaires, les enfants présentés pour la confirmation. Aucun n'était admis, qu' ne fût parfaitement instruit des principales vérités de la religion : on le savait, et les parents, ainsi que les personnes chargées de l'instruction de la jeunesse, faisaient en sorte qu'elle fût en état de subir l'examen du prélat. Cette fermeté lui réussit presque au-delà de ses espérances, et il avouait qu'il trouvait le peuple mieux instruit dans son diocèse, que dans aucun de ceux où il avait travaillé avant son épiscopat.

La visite du saint pasteur était l'époque d'un renouvellement de piété parmi les fidèles. On se faisait un devoir d'approcher alors des sacrements ; et ne pas se mettre en état de recevoir la communion de sa main, c'était, dans un grand nombre de paroisses, s'exposer à se faire remarquer. Un jour, que des affaires imprévues avaient retenu le prélat dans la première des paroisses qu'il avait visitées, il ne put arriver dans la dernière qu'à quatre heures du soir ; il en trouva tous les habitants assemblés dans l'église où ils l'attendaient à jeun, pour recevoir la communion. Ce fut toujours une de ses grandes consolations, dans ses visites, de voir l'empressement et la piété qui conduisaient les habitants des campagnes à la sainte table. Après qu'il avait donné la communion au peuple, il montait en chaire. Si le curé lui avait parlé de quelque vice dominant dans sa paroisse, il en faisait la matière de son instruction. Autrement, il prenait volontiers pour sujet des motifs de notre amour envers Notre-Seigneur, la fréquentation des sacrements, l'éducation des enfants, la sanctification des fêtes, celle des peines et des travaux de la vie. Ses instructions pénétraient tous les cœurs, et l'on voyait les habitants des paroisses visitées suivre leur saint pasteur dans les paroisses voisines, pour le plaisir de l'entendre de nouveau.

Après avoir fait son instruction au peuple, le prélat procédait publiquement à la visite de l'église et de tout ce qui concerne le culte divin. Afin que rien n'échappât à son attention, il tenait en main l'état détaillé de tous les objets sur lesquels il devait la porter. Rien ne pouvait excuser à ses yeux certains curés dont il trouvait les églises dans le délabrement et la malpropreté; et le moindre de leurs torts, selon lui, était toujours un défaut de zèle. La plupart des églises de son diocèse changèrent de face sous son épiscopat. Par ses soins et souvent à ses dépens, les plus pauvres furent tenues dans la décence et la propreté. Les autres, suivant leurs revenus, furent décorées d'une manière noble et simple, sans aucun de ces ornements de luxe, plus propres à distraire les fidèles qu'à les porter au recueillement.

Ce que M. de la Motte voyait rarement dans ses visites, mais cependant ce qu'il voyait quelquefois, et avec un profond sentiment de douleur, c'était la malpropreté des vases sacrés ou des linges qui servent immédiatement aux saints mystères. Il appelait la négligence en ce point, *un sacrilége d'habitude.* Lorsqu'il en était témoin, il semblait, comme le Sauveur du monde, à la vue des profanateurs du temple, oublier sa douceur naturelle. Son zèle s'élevait jusqu'aux mouvements d'une sainte colère, et ses réprimandes étaient des paroles de feu. « J'ai une question à vous faire, dit-il un jour à un curé : dites-moi, je vous prie, croyez-vous la présence réelle? » Celui-ci gardait le silence. « Répondez, monsieur, poursuivit le prélat; la croyez-vous? » Le curé protesta que personne au monde ne la croyait plus fermement. « Tant pis, reprit le saint évêque, sans la foi vous ne seriez qu'un hérétique; en croyant, vous êtes un impie; et j'en trouve la triste preuve dans la malpropreté dégoûtante de ces linges sur lesquels vous osez déposer le corps adorable de Notre-Seigneur. »

Avant de sortir de l'église où il faisait sa visite, M. de la Motte demandait publiquement au curé s'il n'y avait point de scandale dans la paroisse; si les maîtres et maîtresses d'école remplissaient les devoirs de leur place d'une manière qui satisfît et édifiât le public; si les parents étaient exacts à envoyer leurs enfants aux écoles et aux instructions publiques, et enfin il demandait aux paroissiens s'ils étaient contents de leur curé, et du zèle qu'il avait pour leur salut. Il arrivait quelquefois que certains curés recevaient des leçons assez mortifiantes. Un paysan répondit un jour à la question de son évêque : « Monseigneur, nous avons à nous plaindre que M. le curé ne nous aime pas. » Le curé se défendit de ce reproche, selon lui sans fondement. « La preuve que vous ne nous aimez pas, répliqua le paysan, c'est que vous ne pouvez pas rester un jour auprès de nous, et que vous êtes toujours hors de votre paroisse. »

Sur la plainte que faisait un curé de ce qu'un de ses paroissiens sortait de l'église toutes les fois qu'il prêchait, M. de la Motte lui demanda la raison de cette espèce de mépris qu'il marquait pour la parole de Dieu. « Monseigneur, répondit le paysan, je ne m'ennuierais jamais de vous entendre; mais quand M. le curé monte en chaire, il ne sait jamais ce qu'il va nous dire : quand il y est, il ne sait ce qu'il nous dit : quand il est descendu, il ne sait encore ce qu'il nous a dit. »

Un jour que l'évêque proposait aux habitants d'une paroisse de campagne d'examiner s'ils ne trouveraient pas quelques moyens de fournir à une dépense jugée nécessaire pour leur église. « Le meilleur moyen, à mon avis, répondit un paysan, ce serait de vendre un meuble inutile que nous avons ici. — Et quel est donc ce meuble? reprit M. de la Motte. — C'est notre chaire, continue le paysan, elle ne peut servir qu'à M. le curé, et il n'en fait aucun usage. » Il est aisé d'imaginer combien de pareilles visites étaient propres à édifier les peuples, à prévenir ou réformer les abus, à encourager les bons prêtres, à soutenir les faibles, et à faire faire d'utiles efforts aux plus négligents.

La visite d'une église faite, M. de la Motte se rendait au presbytère, à moins qu'il n'eût de bien fortes raisons pour marquer son mécontentement au curé par cette privation. Il ne faisait pas difficulté d'accepter dans ces occasions un léger rafraîchissement; mais son attention à n'être à charge à personne dans ses visites allait jusqu'au scrupule; et tout l'empressement de ses diocésains, qui se disputaient partout l'avantage de le recevoir, n'empêchait pas qu'il ne se fît suivre par sa cuisine, qui lui fournissait ses provisions de bouche pour lui et pour sa suite, excepté chez les personnes aisées et avec lesquelles il vivait sur le ton de l'amitié.

Aucune des fonctions du sacerdoce ne paraissait au saint évêque au-dessous de sa dignité, ni au-dessus de ses forces. Il confessait dans sa cathédrale toutes les personnes qui jugeaient à propos de s'adresser à lui, et les plus pauvres étaient les mieux accueillies. Tous les jours, après sa messe, il se rendait à son confessionnal. On le vit, dans plusieurs occasions, conférer le baptême et la bénédiction nuptiale, administrer les derniers sacrements aux mourants, et enterrer les morts.

Mais la partie du ministère apostolique à laquelle il se livrait de préférence, parce que son zèle y était accompagné de plus grands succès, c'était la prédication. En quelque endroit qu'il annonçât la parole de Dieu, ses auditeurs devenaient ses admirateurs. S'il faisait un entretien aux religieux de la Trappe et de Sept-Fonds, il les ravissait; s'il prêchait devant les prélats du royaume assemblés, l'un d'eux écrivait [1] : « Il nous enleva tous par son discours, à la fête de saint Vincent de Paul. » Les paysans, pour l'entendre, le suivaient de villages en villages, et l'ingénieux Gresset l'appelait le *prédicateur de son cœur*. C'est d'après ces dispositions si favorables, qu'il inspirait à tous ceux qui l'entendaient, que l'on peut juger des fruits abondants que procuraient ses prédications dans sa cathédrale et dans les paroisses de sa ville épiscopale, dans son séminaire et dans les communautés religieuses, dans toutes les villes et tous les villages de son diocèse, mais surtout pendant les fréquentes missions qu'il donnait à son peuple. Et c'est ici, ce me semble, que sa charité pastorale nous le montre mieux encore que partout ailleurs, comparable aux plus saints pontifes des siècles apostoliques.

A certaines époques de l'année les plus favorables, M. de la Motte s'associait un nombre d'ecclésiastiques recommandables par leur savoir et leur zèle, et se portait dans les différents endroits de son diocèse où le besoin d'instruction était plus grand; il s'y établissait, et y donnait une mission. Il avait tellement à cœur cette bonne œuvre, et il en recueillit toujours des fruits consolants, que, jusque dans la caducité de l'âge, ni l'éloignement des lieux, ni la rigueur des saisons

[1] M. Languet, archevêque de Sens.

ne l'empêchèrent jamais de s'y livrer. Il s'en faisait, en toute occasion, l'apologiste contre l'ignorance et la mauvaise foi. « Bien des gens, disait-il, n'aiment point les missions. Les libertins les craignent et les calomnient, parce qu'elles troublent la fausse sécurité de leur conscience, qu'elles suspendent leurs fausses joies, qu'elles font souvent des vides dans leurs sociétés. Des gens du monde, estimables d'ailleurs, quelquefois les personnes de piété, des ecclésiastiques même, se laissent prévenir contre les missions qu'ils ne connaissent que sur de faux rapports. Pour moi, je sais, par expérience, que les missions sont de la plus grande utilité pour le salut des âmes. Ce n'est guère que dans les missions ou dans les retraites que les pécheurs exécutent leurs projets de conversion, que les honnêtes gens du monde embrassent un train de vie plus chrétien, et que les personnes pieuses se renouvellent dans la ferveur. J'ai toujours vu que les missions étaient une occasion de réconciliation entre les ennemis et les plaideurs, un temps de réflexions utiles pour les âmes les plus dissipées, de sobriété pour les intempérants, d'interruption de débauches pour les plus libertins. Je sais que plusieurs des pécheurs qui se sont convertis retomberont; mais tous ne retomberont pas. Quelques-uns mourront peu de temps après leur réconciliation; et, parmi ceux mêmes qui retomberont, il en est qui se relèveront; comme parmi ceux qui continueront à se livrer au désordre, il en est qui ne le feront plus sans quelques remords, que d'heureuses circonstances pourront rendre efficaces. Enfin, une mission n'opérât-elle que le salut d'une seule âme rachetée du sang de Jésus-Christ, n'empêchât-elle même qu'un seul péché; je dis plus, ne servît-elle qu'à exercer notre patience, n'en serait-ce pas assez pour exciter et soutenir notre zèle, s'il est selon la foi ? » Ainsi pensaient les François de Sales, les Bossuet et les Fénelon ; ainsi pensaient Henri IV [1], Louis le grand et Stanislas ; ainsi pensent encore aujourd'hui nos prélats les plus recommandables par le savoir et la piété.

Mais si jamais l'œuvre des missions porta avec elle sa recommandation, ce fut sans doute lorsqu'elle fut dirigée par l'évêque d'Amiens. « Nous devons prier beaucoup, disait-il à ses coopérateurs, parce que le succès dépend de Dieu, et travailler comme s'il ne dépendait que de nous : mais nous aurons toujours réussi lorsque nous aurons accompli la volonté de Dieu. » Il craignait, dans les missions plus que partout ailleurs, les orateurs qui se prêchent eux-mêmes ; et il préféra toujours, pour cette œuvre, le zèle humble et éclairé aux plus brillants talents. Il était cependant ordinairement accompagné de quelque prédicateur de réputation. « Les grands prédicateurs, disait-il, attirent les pécheurs aux instructions; les saints prédicateurs ensuite les touchent, et font le bien solide dans le confessionnal. » C'était chez les jésuites qu'il prenait ses missionnaires ; et l'on se rappelle encore à Amiens, avec un souvenir de vénération, les noms des PP. Perin, Roissart, d'Irlande, Coret et Duplessis.

Arrivé dans une ville où il devait donner la mission, M. de la Motte faisait, avec ses coopérateurs, une visite aux personnes les plus distinguées ; il les invitait à dîner avec tous les ecclésiastiques qui travaillaient dans le ministère. Pendant le repas, il parlait beaucoup de la bonne œuvre, et de manière à inspirer

[1] Personne n'ignore ce que fit Henri IV converti, pour attirer en France le saint missionnaire du Chablais.

à chacun le désir de contribuer, pour sa part, à la faire réussir. Tout le temps que durait la mission, il vivait avec les missionnaires comme un père au milieu de ses enfants, occupé de leurs besoins et attentif à ce que rien ne leur manquât. Sa table n'offrait rien de recherché, mais elle était bien servie. « Vos travaux, disait-il, demandent que vous soyez bien nourris, et un peu mieux avec un évêque que chez vous. Chacun sera libre de suivre son attrait pour la mortification, mais ce n'est pas de moi que doit venir le soin de la lui faire pratiquer. » Pendant les moments de récréation qu'il passait avec eux, il se livrait à tout l'enjouement de son humeur, il interdisait les propos trop sérieux, et ne voulait point qu'on songeât à autre chose qu'à se préparer, par le délassement, à de nouvelles fatigues.

Il entrait dans le plan des travaux apostoliques du saint évêque, de donner tous les ans une mission dans une des villes de son diocèse; et c'était une vraie peine pour lui lorsque des obstacles insurmontables ne lui permettaient pas de le faire. Il donnait toujours ses missions dans les villes, par la raison que les prêtres de la congrégation de Saint-Lazare étaient en possession d'en donner dans les campagnes, suivant l'esprit de leur saint fondateur, qui fit les premiers essais de son zèle apostolique dans le diocèse d'Amiens. Il n'avait pas d'époque déterminée pour ces saints exercices. Il trouvait un avantage à les donner dans les longs jours de l'été, il en trouvait un autre à les donner au temps des plus grands froids de l'hiver, où le peuple est moins occupé; il se décidait suivant les circonstances locales. Le jour de son départ une fois arrêté, aucune intempérie de la saison n'aurait pu le retenir. Un jour qu'il devait se mettre en marche pour une ville située à l'extrémité de son diocèse, on lui représenta que la neige et les frimas avaient rendu les chemins impraticables; et les missionnaires eux-mêmes paraissaient effrayés du danger. « Pour moi, répondit le prélat avec sa gaieté ordinaire, je parierais bien que si le roi me faisait appeler, et que je fusse décidé à partir pour aller recevoir ce que le monde appelle une faveur, on jugerait que ce temps serait encore supportable; et l'on voudrait que tout fût danger pour nous, lorsque nous suivrons la voix de Dieu qui nous appelle pour faire sa volonté! » Et comme quelqu'un insistait encore sur la grandeur du péril! « Eh bien! ajouta-t-il, vous aurez raison, et j'aurai tort, si nous nous trouvons seuls sur notre route, et si nous ne rencontrons pas bientôt des gens qui affronteront les mêmes périls que nous, pour des intérêts temporels. » En effet, à peu de distance d'Amiens, un ecclésiastique se présenta à la portière de sa voiture, pour lui annoncer la vacance d'une cure, et le prier de la lui donner. « Je vous la donne, lui répondit M. de la Motte, qui d'ailleurs connaissait le sujet, mais c'est dans la confiance que le même courage que vous avez eu pour vous mettre en route par la rigueur de la saison, vous l'aurez toute votre vie, lorsqu'il s'agira de voler au secours d'un malade pendant une nuit orageuse, ou de vous exposer à d'autres dangers pour le salut de vos paroissiens. » Un peu plus loin, un cavalier fit de nouveau arrêter sa voiture, pour lui présenter des lettres de la part de son maître, qui demandait quelque permission dont il avait besoin pour se marier. « Eh bien! dit le saint évêque à ses compagnons de voyage, ne vous l'avais-je pas annoncé, que nous rencontrerions des gens dont le courage confondrait notre lâcheté ? Le temps est bon pour celui qui désire une cure et pour celui qui veut se marier, et il serait trop rigoureux pour ceux qui vont gagner des âmes à Dieu ? »

La seule présence de M. de la Motte, dans les missions eût été un éloquent prédicateur; mais, en même temps qu'il en suivait les exercices, il en partageait les travaux. Il prêchait, pour le moins, les dimanches et les fêtes. Il s'était chargé seul de donner la communion ; ce qui, à certains jours, devenait pour lui un exercice si accablant, qu'on l'a vu en tomber de fatigue. Il faisait tous les jours le salut du saint Sacrement ; il confessait toutes les personnes qui s'adressaient à lui, et dès la pointe du jour il était dans son confessionnal, prêt à les entendre. Des pécheurs scandaleux, touchés de la sainteté de sa vie, et de ce que sa charité lui faisait faire pour eux, venaient se jeter à ses pieds; il les recevait avec toute la tendresse d'un père, et son extrême douceur achevait d'ouvrir leur cœur à la confiance. Il n'était rien que ne lui fît entreprendre son zèle ardent et ingénieux pour le salut des plus grands pécheurs. Il chargeait des personnes de piété de faire en sorte de les lui amener; et c'était quelquefois au milieu de la nuit que l'on conduisait aux pieds de ce bon pasteur ces brebis depuis longtemps égarées, confuses de paraître en sa présence, et courbées sous le poids de leur misère.

Plus touché de l'état de ces pécheurs, qu'ils ne l'étaient eux-mêmes, il leur cachait une partie de sa tristesse, pour ne leur laisser apercevoir que la joie de leur retour; et, en leur supposant des dispositions qu'ils n'avaient pas encore, il les faisait passer peu à peu dans leur cœur par l'onction de ses paroles. Dieu, dans ces occasions, accordait à son zèle une grâce comme miraculeuse. En un instant il éclairait, il touchait, il changeait en un homme nouveau le pécheur le plus désespéré, celui même qui avait déjà dit dans son cœur, comme Caïn, *mes crimes sont au-dessus de toute miséricorde.* Plusieurs de ces conversions, sincères et durables, faisaient sa consolation, et si toutes ses tentatives n'eurent pas le même succès pour les autres, elles n'en eurent pas sans doute moins de mérite pour lui devant Dieu.

Jusque dans l'âge de la décrépitude, le saint évêque se livra toujours avec la même ardeur à l'œuvre des missions, et ce fut dans sa quatre-vingt-onzième année qu'il donna la dernière dans sa ville épiscopale. Il adressa une lettre pastorale à son peuple, pour l'inviter à en profiter. Il en fit l'ouverture, suivant son usage, par une procession solennelle, à laquelle assistèrent son coadjuteur, l'évêque de Beauvais, et celui de Cashel en Irlande, qu'il avait sacré le même jour dans la matinée. Je me reprocherais ici de priver mes lecteurs d'un plaisir que j'ai ressenti, si je ne rapportais quelques fragments du discours qu'il prononça dans cette circonstance, au milieu d'un peuple immense qui remplissait sa cathédrale. On y voit un bon père qui parle à des enfants qu'il aime, le langage affectueux du sentiment, le seul qui subjugue infailliblement les cœurs. Il parla sur ce texte du psaume trente-troisième : « *Venez, mes enfants, écoutez-moi, je vous apprendrai à craindre le Seigneur.* »

» Je vous appelle mes enfants, parce que je suis votre père en la foi, par la dignité dont je suis revêtu; et vous devez m'écouter, parce que c'est de la part de Dieu que je vous parle. Je suis aussi votre père par mon âge, parce qu'il n'y a personne dans cet auditoire qui soit plus âgé que moi; mais je suis surtout votre père par mon amour, mon affection et mon zèle pour votre salut; car je puis bien en prendre Dieu à témoin, je donnerais, je ne dis pas mon bien, mais ma vie et tout mon sang, à l'exemple de mon divin maître, pour vous mettre tous dans le paradis, et vous rendre heureux pour toute l'éternité : car, n'être heureux que pour un temps, c'est ne pas l'être. Venez donc tous, mes enfants, écoutez-moi; je vous apprendrai à craindre Dieu, non pas à le craindre d'une crainte d'esclave, mais à craindre de l'offenser et de lui déplaire, et à l'aimer comme un bon père...

» Venez tous, mes chers enfants; oui, je vous invite tous (à assister à la mission) sans acception de personne. J'invite premièrement mon respectable clergé, pour édifier et donner l'exemple, comme Notre-Seigneur qui se trouvait dans le temple, qui écoutait les docteurs et les interrogeait; j'invite les juges et les magistrats, pour apprendre à rendre la justice et à bien remplir leurs devoirs; j'invite les justes et les pécheurs. J'invite les justes : hélas! combien y en a-t-il qui croient l'être, et qui ne le sont pas! et qui oserait se flatter de l'être?.... J'invite les pécheurs, car c'est principalement pour eux que nous venons, à l'exemple de Jésus-Christ, qui disait qu'il n'était pas tant venu pour les justes que pour les pécheurs.... Venez donc, vous tous qui êtes pécheurs, profitez des miséricordes du Seigneur. Cette ville passe pour avoir de la piété; et, par la grâce de Dieu, il y en a; mais que de pécheurs! que de personnes qui n'approchent pas des Sacrements, même à Pâques! Ceux qui font leurs pâques conservent encore quelque marque de christianisme; mais ceux qui ne les font pas n'en ont plus.

» Les personnes d'un certain rang disent : *Nous n'avons pas besoin de missions, nous savons notre devoir, cela est bon pour le petit peuple*.... Vous savez, il est vrai, mes chers enfants, les modes, les usages et les bienséances du monde; mais, en fait de religion, vous êtes de très-petit peuple, vous ne connaissez pas même Jésus-Christ; et l'on peut bien vous dire ce que ce divin Sauveur disait aux Juifs : *Voilà tant de temps que je suis avec vous, et vous ne me connaissez pas encore!* Voilà tant d'années que vous êtes chrétiens, et vous ne connaissez ni Jésus-Christ, ni sa religion.

» On dit : c'est trop matin, il fait trop froid, il fait trop chaud.... Hélas! si l'on venait vous apprendre l'art de vous enrichir, de vivre longtemps, d'arriver aux honneurs et aux premières places, toutes les heures seraient les vôtres; vous surmonteriez tous les obstacles, vous ne trouveriez aucune difficulté; il n'y a que lorsqu'il s'agit des biens de l'éternité, que tout vous devient difficile.

» Enfin l'un dit : *je suis négociant, je suis occupé à mon commerce*; l'autre, *je suis ouvrier, j'ai ma vie à gagner*. Et moi je vous dis, comme Notre-Seigneur, cherchez le royaume des cieux, et Dieu fera le reste; il ne vous laissera manquer de rien; il bénira votre commerce, votre travail; il vous donnera la santé et tout ce qui vous est nécessaire. Les exercices de la religion n'ont jamais appauvri personne, et Dieu a toujours un soin particulier de ceux qui le servent.

» Venez donc, mes chers enfants, et avec les dispositions nécessaires, car les uns viennent par curiosité, les autres par respect humain, quelques-uns même par malice, pour critiquer. Mais venez toujours; la grâce qui est forte et abondante en ces saints jours ne laissera pas de toucher vos cœurs. Plusieurs n'assistèrent à la mort du Fils de Dieu que comme on assiste au supplice d'un criminel, et s'en retournèrent en frappant leur poitrine.

» Oui, venez, mes chers enfants, et convertissez-vous; donnez-moi la consolation, à la fin de ma vie, de vous voir servir Dieu, mieux que vous n'avez fait jusqu'à présent. Aimez votre Dieu, et vous serez remplis de joie; car le joug du Seigneur est doux, et son fardeau est léger. Aimez votre Dieu, et vous ne craindrez point tant la mort.

» Je ne vous en dis pas davantage, car je ne le puis pas, et je vous ennuierais peut-être en épuisant mes forces : profitez des grâces et des moyens de salut que Dieu vous offre.... »

Il est aisé d'imaginer l'impression que devait faire en chaire un vieillard nonagénaire, bien plus vénérable encore par l'ardeur de son zèle et la sainteté de sa vie, que par le nombre de ses années. Aussi, quoique la faiblesse de sa voix ne lui permît plus alors de se faire entendre que de la moindre partie de ses auditeurs, son auditoire était toujours également nombreux; et l'on pouvait dire de lui avec vérité, que le voir en chaire était un sermon pour son peuple. C'est ce qu'exprimait bien naïvement un pauvre artisan, à qui un autre demandait, après un discours prononcé par le saint évêque, s'il l'avait entendu. « Non, dit-il, mais je l'ai vu; n'est-ce pas la même chose? » Tel est l'empire d'une sainteté reconnue; sa seule présence parle aux cœurs et remue les consciences.

M. de la Motte, dans les dernières missions qu'il donna, dispensé par la surdité de suivre les instructions que faisaient les missionnaires, portait son zèle vers les objets les plus dignes de sa sollicitude pastorale. Tantôt il faisait la visite des communautés religieuses, tantôt il y donnait des retraites, prêchant jusqu'à deux ou trois fois chaque jour. A certains moments, il assemblait chez lui les personnes les plus considérables et les mieux intentionnées de la ville, pour concerter avec elles les moyens de donner la plus grande extension possible au bien qu'il désirait de procurer à son peuple. Les missions, dirigées par ce charitable pasteur, ne se bornaient pas seulement au bien moral, elles embrassaient tous les genres de bonnes œuvres, et y donnaient lieu. C'est alors, et sous ses auspices, que les besoins des pauvres étaient approfondis, et que les projets utiles se réalisaient, que les fonds se trouvaient pour divers établissements avantageux à la religion et à l'humanité. Après une mission qu'il venait de donner à Montreuil, il écrivait à une personne de confiance que Dieu avait béni cette œuvre, et qu'elle avait donné lieu à un grand nombre de communions. « Nous y avons, ajoute-t-il, donné des retraites à des couvents de religieuses. J'ai fait l'établissement de deux écoles pour les filles. La quête, pour cet objet, nous produisit environ cinq mille livres, et une personne y ajouta cinquante écus de rente. Il y avait un bataillon d'infanterie et un escadron de cavalerie ; les officiers donnèrent l'exemple. »

Tant de travaux, et des travaux toujours accompagnés de succès si marqués, ne satisfaisaient pas encore pleinement le saint pasteur. L'égarement d'une seule de ses brebis eût suffi pour troubler toute la joie de son cœur, et tout le bien qu'il faisait ne le consola jamais du mal auquel il ne put remédier. On le vit souvent s'affliger de vivre dans un temps où un déluge d'écrits impies et licencieux inondait la France, et de voir son diocèse placé, pour ainsi dire, au pied de la source fangeuse qui les vomissait. Mais parmi tous les excès qu'enfantait l'impiété, aucun ne porta une si cruelle atteinte à son cœur, que celui dont il fut lui-même témoin, et une ville de son diocèse le trop fameux théâtre.

Un jeune libertin d'Abbeville, disciple de Voltaire, et comme il le déposa lui-même, perverti par ses ouvrages, était devenu impie jusqu'à une véritable fureur. Dans cette disposition, il choisit, pour décharger sa rage sacrilége, les images mêmes du Sauveur, placées dans les lieux les plus fréquentés de la ville. Il avait commis son attentat dans les ténèbres; mais bientôt le jour éclaira ce scandale d'un genre nouveau et qui glaçait d'horreur. On vit un crucifix mutilé et percé de coups de couteau, et un autre défiguré et couvert, à dessein, des plus sales ordures. Le cri de l'indignation publique demandait vengeance du coupable; et, comme il était inconnu, le juge du lieu requit que l'official décernât contre lui un monitoire.

Le saint évêque, informé de ce qui s'était passé, laissa à la justice séculière la poursuite criminelle du coupable, et ne se permit pas même de parler au juge de cette malheureuse affaire; mais, en sa qualité d'évêque, il crut devoir à Dieu et à la religion un acte de réparation solennelle, capable de balancer, aux yeux de son peuple, l'horreur d'un si grand scandale. Dans cette vue, et plein d'un sentiment de sa douleur, il se rend à Abbeville; il indique une procession solennelle à laquelle tous les corps sont invités, et se transporte sur les lieux témoins de l'outrage fait aux images du Sauveur. Là, le vénérable vieillard, en habits pontificaux, tête nue, une torche à la main, au milieu d'un peuple innombrable, fait entendre les accents de sa douleur, communique ses sentiments à tous les cœurs, et arrache des larmes de tous les yeux. Cette triste cérémonie faite, l'un des deux crucifix est détaché de la croix, transféré processionnellement dans une église de la ville, et déposé dans une chapelle, où, depuis ce temps-là, on voit, à toutes les heures du jour, une multitude d'adorateurs qui renouvellent et perpétuent, autant qu'il est en eux, l'amende honorable faite par leur saint évêque.

Tirer ainsi le bien du mal, et réveiller la piété des fidèles à l'occasion même d'un scandale, c'était tout ce que se proposait M. de la Motte par cet acte religieux : ce n'en fut point assez pour satisfaire la justice séculière. Le crime portait un caractère d'impiété trop révoltant pour pouvoir être dissimulé. Les procédures se continuèrent, les témoins furent entendus, le coupable découvert, arrêté et condamné au dernier supplice, par le juge criminel d'Abbeville. Le parlement de Paris, sur le vu des pièces, confirma la sentence, qui fut exécutée.

En même temps que le saint pasteur s'appliquait ainsi à bannir les scandales du milieu de son troupeau, à déraciner les abus, à corriger et à édifier par l'instruction et le bon exemple, il veillait avec un soin égal à ce que l'homme ennemi ne vînt pas semer l'ivraie dans le champ qu'il cultivait. On le vit, dans les jours de troubles et d'inquiétude qui agitèrent autrefois l'Eglise de France, se conduire avec autant de prudence que de courage et de fermeté. Il adressa, dans plusieurs circonstances, des instructions pastorales, tant à son clergé qu'à son peuple, pour régler leur conduite et leur foi. Il écrivit au roi, aux évêques de France, aux premiers magistrats du royaume, et à tous, avec un zèle digne de la cause qu'il défendait et du rang qu'il occupait dans l'Eglise. Député à la célèbre assemblée du clergé en 1755, il y parut en docteur éclairé de la foi catholique, disposé, s'il l'eût fallu, à en être le martyr. L'année suivante, il publia un mandement d'adhésion à une instruction pastorale de l'archevêque de Paris, sur l'administration des sacrements.

Son mandement ayant été supprimé par sentence du bailliage d'Amiens, il monta en chaire pour prévenir le scandale de son peuple, et il lui fut aisé de lui faire comprendre que les tribunaux, établis par le prince pour lui rendre la justice et juger ses différends, étaient incompétents lorsqu'il s'agissait de matières aussi purement spirituelles que l'était l'administration des sacrements, qui n'est que le pouvoir divin de lier et de délier, accordé par le Sauveur du monde, non à César et à ses lieutenants, mais à Pierre et à ses successeurs. Son mandement, déjà supprimé à Amiens, fut condamné au feu. Plusieurs de ses prêtres, dans la même circonstance, furent décrétés. On crut même qu'il serait lui-même exilé. Mais Louis XV avait déclaré trop formellement qu'il n'entendait pas qu'on lui parlât jamais de donner le moindre chagrin personnel *à son saint évêque*. C'est ainsi qu'il désignait toujours M. de la Motte. « On m'a dit exilé, écrivait-il, mais il n'en est rien encore.... le roi, par bonté, ne l'a pas voulu ; on me laisse en repos, et l'on tourmente mes pauvres prêtres, ce qui m'est mille fois plus sensible que si j'étais moi-même à leur place.... Dieu ne m'a pas jugé digne de souffrir pour sa gloire ; je n'ai pas mérité le sort des saints ; on m'épargnera, ou par mépris ou par pitié pour ma vieillesse. »

Il pourvoyait généreusement à tous les besoins de

ses prêtres exilés; il les consolait, il les soutenait par ses lettres; il adoucissait la rigueur de leur sort, par le zèle des nombreux amis qu'il avait dans tous les pays qui avoisinent la France. Craignant autant pour le moindre de ses ecclésiastiques, qu'il craignait peu pour lui-même, il attirait à lui autant qu'il pouvait toutes les affaires délicates. Il se présentait chez les malades qui, faisant gloire de leur désobéissance aux jugements de l'Eglise, prétendaient avoir encore droit à ses sacrements. Il faisait, avec le plus grand empressement, un voyage de dix lieues, pour empêcher qu'un de ses prêtres ne fût inquiété. C'est ainsi qu'on le vit se transporter à Abbeville, chez une demoiselle malade et en danger de mort, s'efforcer de la ramener à la soumission qu'elle devait à l'Eglise, et, après avoir inutilement épuisé toutes les ressources de son zèle, lui déclarer qu'il ne pouvait ni lui administrer les sacrements, ni souffrir qu'aucun de ses prêtres les lui administrât. La demoiselle mourut sans les recevoir, confirmée dans son opiniâtreté par un parent prêtre qui, réfractaire lui-même à l'autorité de l'Eglise, jouait encore le respect pour la dignité épiscopale. M. de la Motte, en entrant chez la malade, l'avait vu s'empresser de venir à sa rencontre et se prosterner à ses genoux; mais comme il connaissait l'homme, au lieu de lui donner sa bénédiction qu'il semblait lui demander, il lui dit, en le considérant dans cette posture hypocrite : « Vous me rappelez, monsieur, ces paroles de l'Evangile : *Et genuflexo antè eum illudebant ei* [1]. »

Le saint évêque veillait, avec un soin tout particulier, à ce que les nouvelles erreurs ne s'introduisissent ni dans les communautés religieuses, ni dans

[1] Et ils l'insultaient en fléchissant le genou devant lui.

les maisons d'éducation. Il prêchait, il instruisait, et de vive voix, et par écrit. Il se multipliait par son zèle, et se trouvait partout pour faire face aux novateurs qui, dans le désespoir de pouvoir prendre pied dans son diocèse, se vengèrent, d'une manière digne de leur cause, par d'imprudentes calomnies et des libelles injurieux. N'ayant que du mépris pour ces mensonges périodiques, il eût souhaité que personne n'en eût fait plus de cas que lui. « Dans les endroits de notre résidence, écrivait-il à ce sujet, ce ne sont pas les gazettes jansénistes qui font notre réputation, ce sont nos œuvres. Si d'ailleurs on me croit mauvais, quelqu'un priera pour ma conversion.... Les auteurs m'ont fait grâce de tant de défauts que j'ai, que je dois leur pardonner ce qu'ils m'ont attribué faussement. » Ces imputations cependant furent jugées si graves par le parlement de Paris, qu'il ordonna des informations et des poursuites contre l'auteur de la *Gazette ecclésiastique*, et condamna celles de ces feuilles qui attaquaient M. de la Motte à être brûlées par l'exécuteur de la haute-justice.

Non moins attentif à écarter de son troupeau les scandales qui corrompaient les mœurs, que ceux qui altéraient la doctrine, le généreux prélat n'épargnait aucun préjugé dangereux; il s'élevait avec force contre les fausses maximes du monde; il condamnait, avec une sainte liberté, les divertissements et les spectacles profanes, qu'il appelait *l'écueil inévitable de l'innocence, et le péché qui damne ceux qui n'en ont point d'autre*. Il en parlait souvent en chaire, il en parlait dans la conversation. « Quelle pitié, disait-il, que des gens de bon sens achètent, à prix d'argent, le dangereux plaisir de voir, en représentation, des scandales comiques ou tragiques, dont ils ont tous les jours la réalité sous les yeux! » Il est assez difficile, d'après les principes si peu équivoques du saint évêque, d'imaginer ce qui a pu donner lieu à la fable que, dans un temps de grande misère, il s'était introduit dans un bal public; qu'il y avait fait une quête pour les pauvres, et que, satisfait de ce qu'il avait recueilli, il était sorti en souhaitant bien du plaisir à la compagnie, comme si elle eût, en quelque sorte, acheté, par son aumône, le droit d'affronter impunément *l'écueil inévitable de l'innocence*. On ne peut douter que le suffrage d'un homme, tel que l'évêque d'Amiens, n'eût été un grand triomphe pour les personnes qui voudraient mettre les danses et les bals au rang des amusements innocents. Aussi cette histoire, sans fondement et sans aucune apparence de vérité, fut-elle bientôt accréditée. Elle courut toute la France; elle fut imprimée avec éloge, et reçue partout sans examen, surtout à la cour, où le grand secret des personnes qui conservent encore quelque piété est de savoir se tranquilliser en se partageant entre Dieu et le monde. Louis XV, qui, à ce trait, que ses courtisans lui donnaient pour indubitable, ne reconnaissait pas *son saint*, prit le parti de lui faire écrire pour apprendre de lui ce qu'il en était. M. de la Motte répondit au roi : « Qu'à la vérité il aimait les pauvres, mais pas cependant jusqu'à la folie. »

De même qu'on avait débité dans le grand monde que l'évêque d'Amiens était entré dans un bal, il se répandit un jour, parmi le petit peuple, qu'il était à la comédie, parce qu'on vit sa voiture et son cocher devant la salle des spectacles pendant qu'on jouait la pièce. Mais la réputation de M. de la Motte était si bien établie, que les bonnes gens qui le croyaient à la comédie, loin de s'en scandaliser, disaient en passant : « Voyez le zèle de notre saint évêque, il craint qu'il ne se fasse là du mal, il y est entré pour y mettre le bon ordre. » Le fait était qu'une dame de distinction, qui n'avait pas sa voiture, ayant fait prier M. de la Motte de lui prêter la sienne, sous prétexte d'avoir à faire quelques visites pressées, s'en était servie pour se rendre à la comédie, et n'avait pas songé à l'indécence qu'il y avait de laisser la voiture d'un évêque devant une salle de spectacle.

Ce n'était pas même assez pour le zèle du saint pasteur d'exposer à son peuple la doctrine de l'Evangile sur le danger des spectacles, il adressa aux curés, aux prédicateurs et aux confesseurs, plusieurs instructions sur la conduite qu'ils devaient tenir à l'égard de ceux qui les fréquentaient. Le succès couronna ses soins, et dans l'étendue de son diocèse, une infinité de jeunes personnes renoncèrent aux spectacles, bien instruites de l'impossibilité d'en allier la fréquentation avec l'innocence chrétienne. Le saint évêque eut la consolation de faire en ce genre une conquête qui en valait seule un grand nombre d'autres. Gresset quittait souvent le séjour de la capitale, pour celui d'Amiens sa patrie. Il fit connaissance avec M. de la Motte, et finit par se lier d'une étroite amitié avec lui. Il disait qu'il ne connaissait pas d'homme au monde qui eût *une plus forte dose de bon esprit*. Il ne manquait pas un de ses sermons, et le prédicateur, condamnant les spectacles, paraissait au poète aussi bon esprit que lorsqu'il parlait sur d'autres sujets. Le saint évêque acheva de convaincre dans ses conversations celui qu'il avait ébranlé par ses sermons, et le célèbre auteur du Méchant renonça à travailler pour le théâtre, dans le temps même que ses talents, si enviés de Voltaire, lui promettaient un nouveau genre de célébrité dans la carrière dramatique.

Il eut même le courage, qui n'appartient qu'à un petit nombre d'âmes fortes, de faire plusieurs de ces sacrifices délicats qui ne peuvent être appréciés que par ceux qui ont goûté la gloire de l'esprit. Il avait dans son portefeuille plusieurs pièces de théâtre prêtes à voir le jour, et jugées favorablement par les gens de bon goût, il les jeta au feu. Il avait composé, pour ajouter au poème de *Vert-vert,* un épisode qui formait un chant intitulé l'*ouvroir;* cette charmante bagatelle, remplie du sel de la plus fine plaisanterie, avait diverti la famille royale en présence de laquelle il l'avait récitée, il en fit aussi le sacrifice. Il n'épargna pas davantage plusieurs épigrammes de sa composition, mais qui n'eussent pu faire honneur à son esprit qu'au préjudice de la charité chrétienne. Ce fut après avoir su triompher ainsi de l'amour-propre, qu'il répondit par une lettre imprimée à ceux qui l'accusaient de trahir les intérêts de la république des lettres : « Tous les suffrages de l'opinion, de la bienséance et de la vertu purement humaine, fussent-ils réunis en faveur de l'art dramatique, il n'a jamais obtenu et n'obtiendra jamais l'approbation de l'Eglise. Ce motif, sans réponse, m'a décidé invariablement. J'ai eu l'honneur de communiquer ma résolution à monseigneur l'évêque d'Amiens, et d'en consigner l'engagement dans ses mains sacrées. C'est à l'autorité de ses leçons et à l'éloquence de ses vertus, que je dois la fin de mon égarement; je lui devais l'hommage de mon retour, et c'est pour consacrer la solidité de cette espèce d'abjuration, que je l'ai faite sous les yeux de ce grand prélat si respecté et si chéri. Son témoignage saint s'éleverait contre moi, si j'avais la faiblesse et l'infidélité de rentrer dans la carrière. »

Malgré cette lettre de Gresset, bien des gens, ceux surtout qu'il appelle *les gens du bel-air, et les demi-raisonneurs*, ne lui pardonnèrent pas d'avoir abandonné le théâtre français, ni à M. de la Motte de lui en avoir donné le conseil; mais l'un et l'autre trouvèrent dans le témoignage de leur conscience et le suffrage d'un monde plus sensé, de quoi se consoler de cette improbation.

C'était à la suite de tant de soins divers et de travaux pénibles, employés pour préserver ou pour sanctifier son troupeau, que le saint évêque s'efforçait encore de lui procurer certains secours extérieurs propres à soutenir la faiblesse humaine et nourrir la foi. C'est ainsi qu'il faisait répandre dans l'étendue de son diocèse, et distribuer gratuitement aux pauvres ou des livres de piété estimés, ou des instructions qu'il avait lui-même composées. C'est ainsi que, par ses soins, les habitants des campagnes et le peuple dans les villes, apprirent à substituer à leurs chansons profanes des cantiques religieux qui leur retraçaient les grandeurs de Dieu ou les règles de la morale chrétienne. C'est ainsi que, pour l'édification de son clergé, il donna un nouveau bréviaire à son diocèse; lui-même en traça le plan, et des ecclésiastiques dont il connaissait les lumières et la piété, l'exécutèrent à la satisfaction générale des personnes intéressées, et si bien que plusieurs évêques, déterminés à faire le même changement dans leurs diocèses, prirent pour modèle le bréviaire d'Amiens, comme celui qui leur parut offrir le plus de critique dans l'ensemble le mieux ordonné.

Nous avons déjà eu occasion, en suivant M. de la Motte dans ses visites pastorales, de nous édifier de son zèle pour la décoration et la propreté des églises. Ce qu'il demandait des autres, à cet égard, il se le prescrivait à lui-même : ses ordonnances n'étaient jamais qu'un abrégé de ses exemples. Les églises dont il était particulièrement chargé furent toujours tenues dans le meilleur ordre, et ornées avec goût, suivant l'importance des lieux. Celle de l'abbaye de Valloires, qui était la plus considérable, fut décorée de manière à être remarquée comme une des plus belles églises de son diocèse. Autant le prélat se montrait simple et modeste dans son palais, autant il était noble et magnifique dans tout ce qui concernait le culte divin. « Il faut être pauvre, écrivait-il à une personne de confiance, tant que je ne représenterai que le misérable Louis de la Motte; mais quand nous représentons le Tout-Puissant dont nous sommes le ministre, il faut que tout brille. » Rien, en effet, de plus brillant que sa chapelle et ses ornements pontificaux.

Ce fut aussi par ses soins, et en grande partie à ses dépens, que son église cathédrale changea de face. Ce superbe édifice, le plus accompli en son genre qu'il y ait dans le royaume, était surchargé d'ornements gothiques qui en dérobaient les beautés naturelles. La décence demandait depuis longtemps qu'on fît disparaître ces masses informes qui tombaient de vétusté; mais on avait toujours été effrayé de la dépense nécessaire pour les remplacer. Dévoré du zèle de la Maison de Dieu, M. de la Motte n'hésita pas à mettre la main à l'œuvre, et l'on fut étonné de lui voir faire pour son église d'immenses dépenses qui ne parurent diminuer en rien ses immenses charités. Il commença par donner la moitié des grilles nécessaires pour clore le sanctuaire; il donna ensuite la grande grille qui ferme l'entrée du chœur, et une autre encore pour la plus belle des chapelles de la nef; il fit paver le chœur en marbre; il employa plus de vingt mille livres pour la décoration d'une chapelle particulière; il destina une somme de quarante mille livres tant à la construction d'une chaire, qu'à d'autres décorations du sanctuaire; il fit de plus présent à son église, de deux lampes d'argent et de trois grandes urnes du même métal, pour servir dans la cérémonie des saintes huiles; il lui avait donné auparavant deux candelabres du prix de deux mille écus. Tout cela cependant n'eût pas suffi, à beaucoup près, pour réaliser la grande entreprise du saint évêque : son exemple fit le reste. Une sainte émulation s'empara de son chapitre; il donna en corps une somme de quarante mille livres, et les particuliers donnèrent beaucoup plus que le corps. Tous les chanoines s'empressèrent à l'envi de concourir à la bonne œuvre. Les uns lui donnaient leurs soins, les autres leurs deniers; plusieurs des plus aisés faisaient le sacrifice entier de leur prébende, quelques-uns même firent celui de leur patrimoine.

Tandis que tout le monde exaltait le zèle du prélat, et s'étonnait du succès de son entreprise, il eût désiré lui-même pouvoir dérober à la connaissance des hommes ce qu'il n'avait fait que pour Dieu. Il ne voulut point entendre parler d'inscriptions qui rappelassent ses bienfaits; il fit ôter ses armoiries, qu'on avait figurées sur une des grilles qu'il avait données. Content même de payer les décorations qui se faisaient dans son église, il laissait à son chapitre le soin de les ordonner; et ce ne fut qu'après des instances réitérées qu'il s'expliqua sur celles qui devaient se faire dans le sanctuaire; il dit qu'il aimerait beaucoup qu'elles se rapportassent uniquement au saint Sacrement, et qu'il désirait que partout, au lieu de ces raretés qui fixent les regards des curieux et provoquent la dissipation des fidèles, on ne vit, autour de nos sacrés tabernacles, que des anges adorateurs, des figures et des attitudes qui invitassent au respect et au recueillement. Tout fut exécuté suivant des vues si sages; et le saint évêque eut, avant sa mort, la consolation qu'il avait désirée, de laisser sa superbe basilique décorée d'une manière digne de la sainteté du lieu et de la majesté de l'édifice.

Par tant de bonnes œuvres de tous les genres, et tant de vertus apostoliques, l'évêque d'Amiens s'était concilié la vénération publique, au point qu'on le regardait partout comme un saint, et un saint capable d'opérer des miracles. On alla même jusqu'à lui en demander quelquefois, et bien des gens sont persuadés qu'il en a fait plus d'un. Le plus grand, sans doute, et le plus utile de tous, ce fut ce zèle ardent et inaltérable de la gloire de Dieu et du salut des âmes, auquel il s'immola tous les jours de sa vie. On a cependant remarqué, et nous devons à la fidélité de l'histoire, de rapporter ici, sur la foi de témoins respectables, plusieurs de ces traits frappants que l'on ne trouve que dans la vie des grands serviteurs de Dieu, et que l'on peut, sans vaine crédulité, regarder comme miraculeux; le lecteur en jugera.

Un chanoine du diocèse d'Amiens avait mérité, pour cause grave, d'être renfermé dans une maison de force. Après qu'il y eut fait plusieurs années de pénitence, M. de la Motte crut pouvoir accorder quelque confiance aux marques de repentir qu'il donnait, et lui obtint son élargissement. Le chanoine, en venant remercier son libérateur, le supplia de vouloir bien interposer son crédit pour le faire placer dans un lieu où l'on ignorât l'histoire de sa vie passée. Le saint évêque entra volontiers dans ses raisons, et lui procura une permutation dans un pays assez éloigné d'Amiens. Il fit plus encore; comme il manquait d'argent, il lui en donna pour faire sa route; mais lorsqu'il croyait le voyageur arrivé à sa destination, il en reçoit une lettre par laquelle il lui mande que, le malheur le poursuivant partout, il est tombé entre les mains des voleurs qui l'ont dépouillé, et lui ont pris son argent; que, s'il n'a pas la charité de lui en renvoyer, il ne lui reste plus d'autre ressource que de prendre le chemin de la Trappe. M. de la Motte, qui avait de grandes raisons de suspecter la vérité de cette histoire, répondit à son homme, « qu'il prenait part à la situation où il se trouvait; mais que, du reste, il voyait trop d'avantages pour lui dans la dernière ressource dont il lui parlait, pour vouloir lui en offrir d'autres; qu'il ne pouvait rien faire de mieux que d'aller augmenter le nombre des saints pénitents de la Trappe. » Cet avis fut, pour celui qui le reçut, un ordre irrésistible. Changé à l'instant qu'il lit cette lettre, et converti, comme Paul sur le chemin de Damas, il ne songe qu'à obéir à la voix qui l'appelle. Il va droit au désert; et l'évêque d'Amiens reçoit, au bout de quelques jours, une lettre du père abbé, qui le prie de lui dire ce qu'il pense d'un chanoine son diocésain, qui demande l'entrée de sa maison. Le prélat, frappé de cette nouvelle, mais n'osant encore se flatter des suites qu'elle pouvait avoir, répondit à l'abbé : « Si pour entrer dans votre maison deux titres suffisent, beaucoup de fautes à expier, et un grand courage pour le faire, je puis bien vous répondre du premier pour mon diocésain; quant au second, vous serez à portée d'en juger vous-même par sa conduite. » Le chanoine fut admis, suivit son noviciat, fit ses vœux, portant partout une ferveur incroyable et qui ne se démentit pas d'un instant.

Une conversion si frappante combla de joie M. de la Motte. « Ce que vous me dites du cher chanoine, écrivit-il à son abbé, me donne pour lui la plus tendre affection : je le regarde comme un des sujets de consolation dont Dieu soulage mes peines intérieures, qui ne sont pas légères. » Il fit un voyage exprès à la Trappe pour s'y édifier de ce prodige de la grâce. Il trouva le sujet tel qu'on le lui avait dépeint. Il le vit persévérer ensuite, se distinguer même parmi ses frères, et mourir avec la réputation d'un saint et parfait solitaire.

Le saint évêque se montra, dans une occasion, l'interprète de la volonté de Dieu, pour la vocation d'une religieuse, d'une manière plus positive encore que dans le trait que nous venons de rapporter. Une demoiselle anglaise, conduite fort jeune dans une abbaye du diocèse d'Amiens, y fut abandonnée par ses parents dont les affaires s'étaient dérangées. Dès qu'elle fut en âge de sentir qu'elle était à charge à la communauté, elle s'y déplut infiniment, et ne songeait qu'aux moyens d'en sortir. Elle avait même une aversion si marquée pour la vie religieuse, qu'elle avait prié les personnes avec lesquelles elle était le plus liée, de ne jamais lui parler de l'embrasser. L'évêque d'Amiens, faisant ses visites pastorales, alla dans cette abbaye. On lui parla de la demoiselle abandonnée, ainsi que de son invincible répugnance pour le cloître. On la lui présenta, et elle se mit à genoux pour lui demander sa bénédiction. Le saint évêque lui imposa les mains sur la tête en récitant une prière, après quoi il lui dit, en présence de la communauté assemblée : « Ne songez pas, ma fille, à entrer dans le monde; le cloître sera votre demeure, et vous serez religieuse. Vous sortirez cependant d'ici, mais pour entrer dans un autre couvent. Soyez sans inquiétude sur votre dot, j'y pourvoirai. » Un arrêt si décisif eût dû, ce me semble, trouver quelque résistance dans une jeune personne qui ne soupirait qu'après sa liberté, ou du moins lui occasionner des inquiétudes; il opéra un effet tout contraire, il la combla de joie, et forma, dans le moment même, sa vocation. « Ce discours, écrivait la religieuse elle-même, m'a dans le moment toute métamorphosée, et fait soumettre à l'ordre de la Providence; je pris le parti d'entrer au noviciat. » Elle ne cessa, depuis ce temps-là, de remercier M. de la Motte, de la paix qu'il lui avait procurée et du bonheur dont elle jouissait dans son état. « Vous voyez, ajoute-t-elle, qu'une étoile mystérieuse m'a conduite. Ce que je vous écris, c'est pour vous faire connaître les grandes lumières du saint évêque et sa grande charité. » On ne peut s'empêcher, en effet, de supposer des lumières bien extraordinaires à l'homme du monde le plus prudent, lorsqu'on le voit s'écarter ainsi des règles les plus communes de la prudence, mais surtout lorsque l'évènement justifie si pleinement sa conduite. Le prélat reconnaissait lui-même qu'il n'avait été que l'interprète de la volonté de Dieu sur cette religieuse, et il lui écrivait : « Votre vocation est une grâce toute particulière, c'est une sorte de miracle : répondez-y d'une manière qui ne soit pas commune; répondez-y par une grande fidélité à vos devoirs. »

M. de la Motte, dans une autre occasion, parla en homme également inspiré du ciel. Il avait fait entrer une fille dans une communauté, en qualité de religieuse converse. Peu de temps après qu'elle eut fait profession, on s'aperçut qu'elle était sujette à l'épilepsie, et ce fut une grande désolation dans le couvent. On s'adressa à celui qui avait procuré le sujet. « Mettez votre confiance en Dieu, répondit M. de la Motte, je le prierai de mon côté; et si je n'obtiens pas la guérison de la sœur dont l'état vous afflige, j'obtiendrai, du moins, qu'elle ne cause aucun embarras à la communauté. » En effet, la malade ne fut pas guérie; mais, pendant toute sa vie, elle n'essuya plus une seule crise en présence de la communauté. Elle était attaquée la nuit sans témoins, et se guérissait sans secours.

Les deux traits suivants ne sont pas moins frappants. On vint avertir M. de la Motte qu'une religieuse malade, qui était sa pénitente, était sur le point d'expirer. Il était alors dans la sacristie du couvent, revêtu de ses habits sacerdotaux, et prêt à monter à l'autel : « Allez, répondit-il, dites-lui qu'elle m'attende; je vais dire la messe pour elle. » Aussitôt après la messe, il se rendit à l'infirmerie. La malade en le voyant entrer lui dit : « Je vous ai attendu, mon père, mais rien ne me retiendra plus dès que vous m'aurez donné votre bénédiction. » Il la lui donna, et dans l'instant même elle expira.

L'autre trait est rapporté en ces termes, par une religieuse qui en fut témoin, lorsque M. de la Motte était encore à Castellane. « Nous avions parmi nous une jeune religieuse d'une vertu éminente, qui mourut à l'âge de vingt-six ans ou environ. Elle eut le bonheur d'être assistée par M. de la Motte, pendant sa maladie et à la mort. Une nuit qu'elle était fort mal, il la passa près de son lit avec plusieurs de nos sœurs : j'avais le bonheur d'être de ce nombre. Il se mit à nous expliquer le psaume *Beati immaculati*, et nous dit de si belles choses à la louange de la loi du Seigneur, que nous étions ravies de l'entendre. La chère malade reçut dans ses derniers moments des faveurs particu-culières du ciel. C'était comme des transports de l'amour divin, qui lui faisait dire les choses les plus touchantes. Quelques sœurs l'ayant apparemment félicitée des sentiments que Dieu lui donnait, elle craignait que le tentateur ne lui en inspirât des pensées de vanité et d'amour-propre, et commença à dire que, comme pécheresse, elle demandait à Dieu une mort plus humiliante. — Vous l'avez demandée, lui répondit M. de la Motte, vous l'obtiendrez. Sa mort, qui ne tarda pas à arriver, fut en effet des plus pénibles. Tous ces heureux transports se changèrent en frayeurs pour elle et pour nous. Son visage, qui semblait être celui d'un ange, devint affreux. Le Seigneur, en exauçant sa prière, acheva de la purifier des moindres souillures; car nous ne doutons pas qu'elle n'eût conservé l'innocence de son baptême. »

M. de la Motte annonça, en termes également clairs, à un solitaire de la Trappe, ce qui lui arriverait; et c'est le religieux lui-même qui le rapporte. Il s'était plaint à lui des tentations dont il était continuellement tourmenté contre la foi, et il en avait reçu des réponses qui lui faisaient espérer qu'il en serait délivré : « Mais voyant qu'elles continuaient, poursuit le religieux, il m'écrivit positivement, dans une lettre du 29 juin 1748 : « *Je dirai la sainte messe le jour de l'octave de saint Pierre, pour vous obtenir une foi ferme et généreuse, Dieu vous l'accordera.* » Et cela est arrivé si exactement et si ponctuellement, que depuis je n'ai plus été tenté sur cet article. Non-seulement je crois toutes les vérités que la foi propose; mais il me semble les voir : voilà ce que je puis attester. Je me suis plaint d'autres fois à ce saint évêque de mes distractions, il me répondit, au contraire, que j'en aurais toujours, et cela n'est encore que trop vrai. »

M. de la Motte se trouva un jour, pendant son cours de visites pastorales, à portée de faire l'enterrement d'une dame de son diocèse, à laquelle il avait annoncé dix-huit mois auparavant qu'il lui rendrait ce dernier devoir; c'est lui-même qui raconte le fait. « La bonne madame N., dit-il, mourut il y a deux jours bien saintement; j'ai fait moi-même les funérailles. Il y a un an et demi que, me parlant de deux curés qui ne pouvaient s'accorder sur les limites de leurs paroisses : « Vous verrez, me dit-elle, qu'ils se disputeront mon corps. — Oh! pour cela, lui dis-je, je l'éviterai; car je ferais plutôt vos funérailles. Je les ai faites, en effet; telle a été la Providence à son égard. »

Quelqu'un parlait, en présence de M. de la Motte, d'un jeune ecclésiastique qui, n'étant encore que diacre, donnait déjà les plus heureuses espérances à l'église. « Il faut, dit le saint évêque, qu'il vienne travailler dans mon diocèse, je le ferai mon coadjuteur. » Ce jeune ecclésiastique était l'abbé de Machault, que M. de la Motte eut occasion de connaître quelques années après, qui vint, en effet, travailler dans son diocèse, qu'il fit son coadjuteur, et qui remplit aujourd'hui si dignement son siége.

Nous ne rapporterons pas ici, comme une prédiction inspirée, ce qu'écrivait M. de la Motte immédiatement après avoir sacré M. l'évêque actuel de Boulogne, « qu'il serait un grand et saint évêque. » C'était une présomption très-bien fondée. Mais il est parlé dans la même lettre, d'une conversion qui eut quelque chose de plus extraordinaire, et qui fit dans le temps beaucoup de bruit dans le diocèse d'Amiens. Le saint évêque se contente de rapporter le fait, omettant les circonstances qui pourraient tourner à sa gloire. « Une dame anglaise, dit-il, de la religion anglicane, mais femme d'un gentilhomme catholique, de la grande maison de Stafford, abjura ses erreurs entre mes mains, et me fit sa confession. Le lendemain je la confirmai, je dis la messe et la communiai. Le jour d'après elle partit pour Londres, d'où elle vient de m'écrire dans les plus beaux sentiments du monde. Elle a beaucoup d'esprit et de jugement ; elle est instruite on ne peut mieux..... Je suis persuadé qu'elle sera ferme dans son état, et qu'elle fera du bien aux catholiques qu'elle verra. Priez bien pour elle. »

Cette dame, zélée protestante, instruite de toutes les subtilités à l'aide desquelles les protestants se font illusion sur leur schisme, avait pour conseil l'évêque de Londres, homme réputé très-savant ; aussi, disait-elle, que sa bible en main, elle ne craignait personne. Elle avait eu des conférences sur la religion avec plusieurs théologiens habiles de Paris et avec un évêque recommandable par son savoir et ses vertus. Les meilleures raisons n'avaient pu l'ébranler. Un jour qu'elle entendait parler de la vertu douce et insinuante de saint François de Sales : « Si je suis dans l'erreur, dit-elle, il n'y aurait qu'un saint tel que celui-là qui pourrait m'en retirer. » Quelqu'un lui promit de lui en faire voir un qui lui ressemblait beaucoup, et lui fit voir l'évêque d'Amiens. M. de la Motte, à la première entrevue, ne parla pas de religion à la dame ; et lorsqu'il commença à le faire, il se contenta de lui demander si elle était bien tranquille dans sa croyance, si elle n'avait pas quelque inquiétude sur le schisme qui la séparait de l'Eglise catholique? La dame fit sa réponse ordinaire : qu'avec sa Bible elle ne craignait personne. » Cependant le nouveau François de Sales, le seul qu'elle entendît sans peine et sans scrupule, combattre sa croyance, semait des doutes dans son esprit, surtout par certaines réflexions simples et lumineuses, plus concluantes pour elle, disait-elle, que les preuves victorieuses qu'il lui donnait de l'infaillibilité de l'Eglise, et de la nécessité de cette infaillibilité. « Avouez, madame, lui dit-il un jour, que vous n'avez jamais vu un catholique qui, voulant sincèrement revenir à Dieu, se soit fait protestant; et moi, je vous assurerai qu'un grand nombre de protestants, désirant d'assurer leur salut, se sont faits catholiques. Vous connaissez l'évêque de Londres, lui dit-il une autre fois, et vous avez confiance en lui : eh bien, faites-lui savoir, je vous prie, que l'évêque d'Amiens vous a dit que, s'il pouvait nier que saint Augustin, qu'il regarde ainsi que nous comme un des plus grands docteurs de l'Eglise, eût dit la messe et prié pour les morts, nommément pour sa mère, il se fera lui-même protestant. Vous reconnaissez pour saints, ajouta-t-il, des docteurs de l'Eglise qui ont constamment enseigné une doctrine contraire à la vôtre, tels que saint Ambroise, saint Augustin, saint Cyprien et d'autres dont les écrits sont formels sur le saint sacrifice, la prière pour les morts, l'invocation des saints, le culte des reliques, etc. Vous direz : ils ont erré sur ces points; et moi je répondrai : on peut donc être saint comme eux, en errant avec eux. »

La comtesse de Stafford, qui ne trouvait pas dans sa

Bible la solution des difficultés que lui objectait M. de la Motte, les proposa à l'évêque de Londres, qui n'ayant lui-même rien de solide à y opposer, se contenta de répondre à celle qui le consultait, qu'elle avait respiré un air contagieux qui l'avait séduite. La dame, qui crut voir dans cette réponse de son docteur un aveu tacite de sa faiblesse, entra dès-lors en quelque défiance. Mais il y avait encore loin de là jusqu'à sa parfaite conversion. C'est elle-même qui va raconter ce qui la détermina sans retour. « Il est certain qu'après Dieu, je me crois redevable au saint prélat, de la foi catholique. Il n'y avait que lui qui me touchât, et ce fut surtout par un sermon qu'il prêcha à la fête de saint Jean-Baptiste, aux Ursulines d'Amiens, dont je ne perdis pas un mot. Après le sermon, il nous fit entrer, mon mari et moi, dans le couvent qu'il eut la bonté de nous montrer lui-même. Comme nous entrions, les religieuses se mirent à genoux pour demander la bénédiction de leur évêque. Milord me dit : Ne voulez-vous pas demander la bénédiction du saint évêque avec ces religieuses ? Là-dessus, je me mis à genoux ; et l'évêque m'approchant, me demanda en souriant : Avez-vous de la foi, Mme Stafford ? Je répondis : J'ai beaucoup de foi dans vos prières et vous demande votre bénédiction. Alors il mit ses deux mains sur ma tête d'une manière très-expressive ; et, dès cet instant, Dieu m'inspira le désir de croire comme M. l'évêque d'Amiens. »

La conversion de la comtesse fut si sincère et si bien arrêtée depuis ce jour, qu'elle ne songea plus qu'à s'instruire pour faire son abjuration. « J'écrivis, continue-t-elle, à notre saint défunt qui était à la Trappe, où il faisait une retraite tous les ans, pour lui dire qu'à son retour je lui présenterais, s'il voulait bien l'accepter, une fille qui n'était pas digne de lui. Sa réponse fut : *On accepte volontiers ce qu'on a fort désiré. J'ai offert à Dieu toutes mes prières et le peu de bonnes œuvres que je fis pour obtenir votre conversion, et je fis prier ces saints religieux pour la même intention.* Sans doute qu'il me disait cela pour que je ne me crusse pas redevable à ses prières seules de la grâce de ma conversion : je ne le pensais pas moins pour cela. »

Mais l'occasion peut-être, où parut avec le plus d'éclat l'efficacité des prières du saint évêque, ce fut dans la cessation subite d'une épidémie qui ravageait une des paroisses les plus considérables de son diocèse. M. de la Motte y avait indiqué, depuis quelque temps, sa visite pastorale; mais le seigneur du lieu, M. le Fort, chez qui il avait accepté de prendre un logement pour quelques jours, crut devoir lui représenter dans la circonstance, le danger auquel il s'exposerait en allant respirer un air si contagieux, et auquel il s'était hâté lui-même de soustraire toute sa famille. Le prélat en louant la sage précaution qu'avait prise ce seigneur, lui déclara que bien loin de rien changer à la disposition qui le conduisait naturellement à la paroisse du Quénel, il se serait cru obligé d'interrompre, pour s'y rendre, un autre cours de visites qui l'en eût éloigné. « Au reste, ajouta-t-il, ce n'est pas là faire un grand effort de zèle, mais remplir un devoir de mon état; et c'est sans doute dans de pareilles extrémités, qu'un père doit s'empresser de secourir ses enfants, et un pasteur son troupeau. » M. de la Motte n'était pas encore arrivé dans la paroisse, que le son des cloches lui annonça que la mortalité continuait. Tous les jours on enterrait plusieurs morts et l'on comptait de nouveaux malades. Les prêtres ne sortaient d'une maison avec le saint viatique, que pour entrer dans une autre. A peine se trouvait-il dans l'étendue de la paroisse quelques maisons où la contagion n'eût pas encore pénétré.

On soupirait après le jour fixé pour la visite de l'évêque ; on était dans l'impatience de le voir arriver lui-même, comme l'homme de Dieu et la seule ressource efficace dans cette extrémité. Dès qu'il parut, tous ceux des habitants de l'endroit qui n'étaient pas retenus par la maladie coururent se prosterner à ses pieds, le conjurant avec larmes d'avoir pitié d'eux. Parmi la consternation générale, le saint évêque, affligé lui-même de toute l'affliction de son peuple, le conduit à l'église, y expose le saint Sacrement, et fait un discours propre à inspirer la confiance en Dieu. Il avertit que le lendemain, de grand matin, il offrira le saint sacrifice pour obtenir du ciel la cessation du fléau. On se rend à l'église ; la présence du pontife a relevé les courages abattus. On prie avec ardeur ; le pasteur pour son peuple, et le peuple pour lui-même. Dès ce moment, l'épidémie cesse, mais d'une manière si complète que plus un seul habitant de la paroisse ne tombe malade, et que de la multitude des malades et des mourants qu'il y avait alors, pas un seul ne meurt. A la vue de cette merveille, tous les cœurs éclatent en reconnaissance ; chacun s'écrie qu'il doit la vie à son saint évêque ; la vénération pour lui augmente ; on lui demanderait volontiers la résurrection des morts, et les acclamations publiques sont mêlées de regrets touchants sur ce qu'il n'est pas venu plus tôt : « *Hélas ! s'il eût été ici, mon frère ne serait pas mort ; et moi j'aurais encore mon père ; et moi je ne pleurerais pas mon fils.* »

Les habitants du Quénel, pour perpétuer la mémoire

de cet évènement, qu'ils regardèrent comme un miracle des plus évidents, en firent dresser un procès-verbal dont ils attestèrent la vérité par leur signature, et qu'ils firent consigner dans les registres publics de la paroisse.

LIVRE IV.

PARFAIT modèle des évêques, et fidèle imitateur des plus saints pasteurs dans l'exercice du ministère apostolique, M. de la Motte, dans sa vie privée, paraît se rapprocher davantage du commun des hommes, non pas pour participer à leurs faiblesses, mais toujours pour les édifier par des exemples, les instruire par des leçons, et surtout les réconcilier avec la vertu, en la leur montrant sous les dehors aimables qui la font goûter. Toute sa conduite, dont l'ensemble nous étonne, n'offrait rien que d'ordinaire dans chacune de ses actions. Il avait le talent naturel de faire illusion sur le fond, par le mode qu'il lui imprimait; et ce ne fut jamais en le voyant agir, mais en réfléchissant sur ce qu'il faisait, que l'on put apprécier la sainteté de sa vie et tout ce qu'elle avait d'austère et d'héroïque. On pourra en juger par les détails.

L'ordre que M. de la Motte mettait dans ses occupations, lui faisait trouver du temps pour toutes. Son lever était fixé à quatre heures; il ne se levait jamais plus tard, même dans l'hiver. Il faisait dans la matinée une heure d'oraison ou de prières vocales devant le saint Sacrement et dans sa cathédrale, où il se rendait par une porte de communication avec l'évêché. Comme il n'avait pas la clé de cette porte, il lui arrivait souvent, au milieu des plus grands froids de l'hiver, de faire une partie de son oraison à la belle étoile, sans que jamais il eût reproché sa négligence au domestique qui lui faisait pratiquer cette austérité.

Après son oraison, il se trouvait à la tête de ses chanoines pour chanter les matines et les autres parties de l'office qui suivaient immédiatement. Cette assiduité devait être aussi gênante que pénible pour lui, surtout dans son extrême vieillesse. On lui en parlait quelquefois. « Ne faut-il donc pas, répondait-il en plaisantant, que je paie les dettes des chanoines de ma nomination qui manquent quelquefois d'exactitude ? » Au sortir du chœur, il disait sa messe, et aussi régulièrement qu'il l'avait fait avant son épiscopat. « Aucune raison, disait-il, ne peut me dispenser de célébrer tous les jours les saints mystères, pas même la difficulté de le faire en voyage, parce qu'en tous pays et à toutes les heures du jour, il est facile à un évêque de se faire ouvrir les églises et les sacristies. »

Un nouvel évêque, qui avait beaucoup de confiance en lui, le consultait sur le plan de vie qu'il pourrait suivre dans l'épiscopat, et lui disait qu'il ne lui paraissait guère possible qu'il pût dire la messe tous les jours avec les dispositions que demande la sainteté de cette action. « Y assisterez-vous tous les jours, lui dit M. de la Motte ? — Oui, sans doute, répondit le prélat ; mon aumônier me la dira exactement à une heure réglée. — Eh, monseigneur ! reprit le saint évêque, pourquoi faire à votre aumônier l'honneur de le croire plus digne et plus saint que son évêque ? »

Outre les fins générales et essentielles du sacrifice, M. de la Motte, dans l'offrande qu'il en faisait tous les jours, avait, suivant l'esprit de l'Eglise, ses intentions particulières. Les dimanches et les fêtes, par exemple, il disait la messe pour tous les fidèles de son diocèse. Deux fois la semaine il la disait pour ses parents et ses amis ; le vingt-cinquième jour de chaque mois, pour le roi et pour les besoins de l'état. Toutes les fois qu'il apprenait la mort d'un prêtre ou d'une personne religieuse de son diocèse, il offrait le saint sacrifice pour le repos de son âme. Il ne refusait jamais de l'offrir à l'intention des personnes de piété qui l'en priaient, et la reine Marie Leczinska fut souvent de ce nombre.

Après qu'il avait dit la messe, l'étude, les affaires de son diocèse, et le travail de ses lettres, remplissaient sa matinée. Ses relations étaient immenses, et il n'avait que des relations de charité. On le consultait des extrémités du royaume et même des pays étrangers. On s'adressait à lui, tantôt pour trouver des consolations ou des lumières, tantôt pour obtenir des secours. Il fallait qu'une lettre reçue fût partie d'une tête évidemment dérangée pour qu'il la laissât sans réponse. Il écrivait lui-même toutes ses lettres, et regardait cette pénible occupation comme un de ses devoirs essentiels ; il le remplissait avec le zèle charitable des apôtres. Dans tout ce qu'il écrivait, fût-ce même sur des objets purement temporels, il trouvait le moyen d'insérer comme naturellement quelques traits d'édification. Il répondait aux personnes qui le consultaient sur les besoins de leur âme, en homme plein de l'esprit de Dieu et consommé dans la connaissance du cœur humain. On a donné au public un recueil de ses *Lettres spirituelles*, que les personnes qui aiment la religion verraient grossir avec plaisir. On y trouve des avis pleins de lumière et d'onction, et l'on reconnaît partout le pasteur charitable et le digne organe de la piété.

C'était après sept à huit heures d'occupations les plus

sérieuses, et vers onze heures du matin, que le saint évêque, quittant sa solitude, se livrait aux personnes qui venaient lui faire visite, mais avec cette aimable gaieté, ce ton d'aisance et de cordialité d'un homme qui aurait réfléchi toute la matinée sur ce que l'on peut mettre de plus gracieux dans le propos, et de plus délicat dans les procédés. L'étranger qui le voyait en passant, et le diocésain accoutumé à le voir, étaient également charmés de l'accueil qu'il leur faisait.

Après son dîner et quelques instants de récréations, il donnait audience à toutes les personnes qui avaient à lui parler d'affaires. Il écoutait avec autant de patience que de charité l'exposé de leurs besoins spirituels ou temporels, et il y pourvoyait. Il récitait ensuite son office; après quoi il donnait quelquefois une heure à des visites de bienséance ou de charité. Et enfin il se renfermait pour se livrer, comme le matin, au travail et à la prière. La lecture de l'Ecriture sainte, celle de la vie du saint du jour, et la récitation du chapelet étaient des exercices de son après-dînée, qu'il n'omettait jamais, pas même pendant ses voyages. Il lisait, tous les ans, l'Ecriture sainte en entier, et alternativement sur le texte latin et dans la version française la plus estimée. A huit heures du soir, il faisait une légère collation, prenait ensuite trois quarts-d'heure de récréation avec ses ecclésiastiques, et à neuf heures précises tous ses domestiques entraient chez lui pour la prière du soir qu'il leur faisait lui-même, et après laquelle il se retirait pour prendre son repos.

Tel était l'ordre invariable que suivait le saint évêque, lorsqu'il n'était pas en missions ou en cours de visites pastorales, sans que les infirmités de l'âge ou des incommodités passagères lui eussent jamais paru des raisons plausibles pour le mitiger. Il avait pour maxime, qu'un travail délasse d'un autre travail; et, si on lui parlait de repos, « l'éternité, disait-il, ne sera-t-elle pas assez longue pour nous reposer? » Il disait encore que l'oisiveté tuait plus de gens que le travail, et que le moyen de vivre longtemps était de ne pas vivre inutilement; et c'était après avoir continué sa vie laborieuse jusqu'à plus de quatre-vingt-dix ans qu'il parlait de la sorte.

La table de M. de la Motte était frugale, et elle l'eût été davantage encore s'il n'eût eu des commensaux. On y disait toujours, en commun, le *Benedicite* et les *Grâces;* et s'il n'y avait pas d'étrangers, on faisait une lecture pendant le repas. Personne n'était si aimable que le saint évêque, et ne faisait mieux les honneurs de sa table lorsqu'il avait des convives. Tout occupé qu'il était alors des autres, il pratiquait, sans affectation, la tempérance et même la mortification; et il fallait y faire une attention particulière, pour s'apercevoir qu'il ne mangeait que du plat qu'il avait sous la main. Hors de chez lui, il mangeait de tous les mets qu'on lui offrait. « Nous sommes libres chez nous, disait-il, mais nous ne devons pas aller chez les autres pour y faire notre volonté. » En sorte que l'on ne pouvait dire s'il se mortifiait davantage en se privant chez lui, ou en ne se privant pas à une table étrangère.

Aussi simple dans son logement et ses ameublements, qu'il l'était dans sa table, il n'occupait dans son palais qu'un appartement fort étroit, mais qu'il trouvait commode, parce qu'il était entre sa bibliothèque et sa chapelle. Un très-petit lit de serge violette, une tapisserie de même étoffe, et quelques estampes représentant la vie de Jésus-Christ, en faisaient tout l'ornement. On ne vit jamais, dans sa chambre, ni glaces, ni marbres, ni dorures, ni aucun meuble de soie. Sa maison de campagne, plus simple encore, n'offrait pour ornement que les quatre murailles blanchies, des chaises communes et des cartes géographiques, qui marquaient la division des paroisses de son diocèse par doyennés. Charmé que son état lui permît de suivre, sans affectation, son goût pour la simplicité; il remerciait Dieu de posséder comme évêque, deux précieux avantages que n'ont point les grands du monde. « Si l'on vous fait une insulte, disait-il un jour à un grand seigneur, vous voilà exposé à tous les embarras et à tous les inconvénients de la vengeance; l'évêque d'Amiens, en pareil cas, n'a qu'à pardonner; et plus il montrera de douceur et de patience, plus le monde s'en édifiera. Il vous faut trouver des ressources pour un grand train, beaucoup de magnificence, un grand luxe de table; l'évêque d'Amiens, avec ce que vous coûte une de vos assiettes d'argent, a de quoi remonter pour longtemps toute sa vaisselle de faïence. »

Jamais M. de la Motte ne fit la moindre dépense de fantaisie; jamais il n'employa un louis pour l'achat d'un meuble de pure curiosité. Il ne portait qu'une grosse montre dont la boite était de chagrin noir; elle lui avait coûté cent francs, et n'en valait plus trente dans les derniers jours de sa vie; mais elle avait la qualité essentielle, à ses yeux, d'être utile; elle lui marquait l'heure et lui servait de réveil, cela lui suffisait. « Les bijoux, dans un appartement, sont, disait-il, de ces gentillesses dont je fais le même cas que des mouches sur le visage. » On lui faisait un jour remarquer la richesse d'un lit qu'on lui avait préparé dans un château où il devait loger : « Cela est admirable, dit-il;

sans doute qu'on va m'apporter des bougies et me faire dormir les yeux ouverts, pour que je jouisse un peu de cette magnificence. »

De tous les genres de luxe, le plus déraisonnable, à son avis, était celui des chevaux, qui affament les pays où on les entretient. Il avait fait là-dessus un calcul digne d'occuper un ministre d'état ami des hommes. « Ce que mange un cheval, disait-il, a couvert plusieurs arpents de terre. Quelle inhumanité d'entretenir, sans nécessité, un nombre de ces animaux, dont un seul dévore la subsistance de plusieurs hommes! » Au commencement de son épiscopat, on lui fit entendre que six chevaux lui étaient nécessaires dans la disposition où il était de visiter, tous les ans, une grande partie de son diocèse : il les acheta ; mais, bientôt après, il jugea que quatre pourraient lui suffire ; et, en ayant perdu un dans un voyage, il dit à la personne qui lui en portait la nouvelle : « Vous croyez m'annoncer une perte, et moi je vois un profit clair ; c'est qu'au lieu de remplacer ce cheval je vais vendre son pareil. » Ce qu'il fit en effet. Il n'achetait que de gros chevaux de fatigue, qui lui coûtaient peu et lui rendaient de grands services. Je lis dans une de ses lettres : « J'ai remplacé mon cheval mort au voyage de la Trappe, par un autre qui est aveugle ; mais il me traîne. » La voiture du prélat répondait à l'attelage ; rien de plus modeste ; jamais il n'en acheta de neuve.

Il s'était interdit tout usage de la soie dans ses habits, il n'en portait que de laine, encore achetait-il ce qu'il y avait de plus commun. « Il me faut, écrivait-il, à son homme d'affaires, six aunes de serge rouge pour ma soutane d'été, dont la doublure ne vaut plus rien. Il me faut un cordon de chapeau entièrement vert, sans or, avec une boucle de tombac. Vous voyez que je ne m'oublie pas. » Et, dans une autre occasion, où il le chargeait de semblables commissions : « Ne dépensez pas; j'ai toujours peur que vous ne soyez plus rempli du mépris des richesses que moi, et il ne faut pas que vous l'emportiez. »

A ce goût de la simplicité dans les habits, M. de la Motte joignait un grand amour de la propreté. Il l'exigeait de ses domestiques; il souhaitait de la voir dans ceux qui l'approchaient; il en donnait l'exemple dans tout son extérieur. On voyait quelquefois des pièces à ses habits, mais jamais des taches. « Rien de plus louable, disait-il, que de faire pénitence; mais la charité nous défend de la faire faire aux autres, et si la malpropreté peut quelquefois entrer dans la pénitence d'un solitaire, elle ne doit jamais être celle d'un homme obligé de vivre en société. »

L'économie en domestiques réunissait, selon lui, plusieurs grands avantages; aussi n'en avait-il que le pur nécessaire. Le même homme était tout à la fois son cuisinier, son maître-d'hôtel et son valet-de-chambre; et on le voyait successivement acheter les provisions au marché, travailler à la cuisine et servir son maître dans les cérémonies. Ces domestiques, réduits au plus petit nombre possible, lui paraissaient encore un fardeau.

Dès qu'un domestique avait de la religion et des mœurs, il trouvait en M. de la Motte le plus commode et le meilleur des maîtres. Tous ceux qui étaient à son service avaient de bons gages, qu'il leur payait par quartiers, et toujours d'avance. « Le plus sûr moyen de nous attacher nos domestiques, disait-il, c'est de leur persuader qu'ils ne seront nulle part mieux qu'avec nous. » Il voulait que les siens ne manquassent de rien, en santé comme en maladie. S'ils jugeaient à propos de quitter son service pour s'établir, il leur en facilitait les moyens ; mais il veillait surtout à ce qu'ils s'acquittassent soigneusement des devoirs de la religion ; il les exhortait souvent ; il voulait qu'ils assistassent tous les jours à sa messe ; et nous avons vu qu'il les rassemblait le soir pour leur faire la prière. Ces attentions vraiment paternelles firent rarement des ingrats : tous ses domestiques le servaient avec affection, et la plupart édifiaient le public par une piété sincère.

Le saint évêque, dans l'éloignement de sa famille, conservait pour elle tous les sentiments que la nature inspire, et que la religion ne condamne point en les épurant. Il aimait ses parents, non à la manière des mondains, pour les agrandir et enfler leur fortune, dont il ne s'occupait nullement, mais selon Dieu, pour les sanctifier et les inviter à le suivre dans la route du vrai bonheur. Il eut, à cet égard, toutes les consolations que lui méritait la pureté de ses affections. Il n'avait qu'un frère établi dans le monde, c'était son aîné. Après l'avoir vu vivre en homme de bien, il le vit mourir en vrai chrétien. En faisant part à quelqu'un de la nouvelle de sa mort. « Il ne pouvait, dit-il, rien m'arriver de plus triste en ce genre, ni dans une circonstance plus propre à me détacher ; Dieu a eu cette vue. » Ce frère n'avait qu'une fille unique, Mme de Modène, jeune personne qu'une éminente piété, jointe aux autres vertus de son sexe, rendait digne de toute la tendresse de son oncle. M. de la Motte écrivait à l'occasion de sa mort : « Je suis affligé, mais soumis et tranquille, par la confiance avec laquelle je crois que Dieu a fait miséricorde à cette chère défunte. Je ne lui ai donné que quelques larmes de tendresse; car enfin je la crois trop heureuse pour lui donner des pleurs amères. La pauvre enfant est morte avec son innocence baptismale. »

Un autre de ses frères, qui était chevalier de Malte, plus jeune que lui, et qu'il aimait tendrement, lui exposait le désir qu'il aurait eu de se retirer auprès de lui. Cette proposition l'embarrassa beaucoup, quoique ce frère, suivant le témoignage qu'il lui rend lui-même, fût un homme très-sage, prudent et de très-bonnes mœurs, et que d'ailleurs il ne dût pas lui être à charge, parce qu'il avait de quoi vivre à son aise. « D'une part, écrivait M. de la Motte, je n'ose lui refuser cette consolation; de l'autre, je ne voudrais pas de parents auprès de moi, leur commerce amollit le cœur, et je demande à Dieu qu'il le dégoûte de ce projet. »

Des affaires indispensables ayant obligé le saint évêque à retourner dans sa patrie, cinq ans après l'avoir quittée, il fit ce voyage en véritable apôtre, portant partout le zèle du salut des âmes et de sa propre sanctification. Il visita, dans sa route, les monastères de la Trappe et de Sept-Fonts; il revit Castellane et les autres endroits où il avait travaillé avec tant de succès; il y travailla de nouveau; et, suivant les divers besoins des lieux, il s'appliqua, pendant le peu de séjour qu'il y fit, tantôt à corriger ou rectifier, tantôt à encourager et à affermir. Son absence de son diocèse ne dura qu'autant de temps que l'exigèrent les affaires qui la nécessitaient. « Dieu sait, écrivait-il alors, quel est le motif de mon voyage, et combien le goût de la patrie y a eu peu de part. Soyez persuadé que je souffre plus que personne de me voir absent du seul endroit qui doit me posséder, et que mes désirs et mes prières n'ont d'autre objet qu'un prompt retour. »

Sans l'avoir sollicité ni même désiré, M. de la Motte eut la consolation de voir arriver dans son diocèse une de ses sœurs, nommée à l'abbaye de Sainte-Austreberte de Montreuil. C'était une vraie religieuse, dont la mémoire est encore en bénédiction dans la maison qu'elle gouverna avec une égale sagesse pour le temporel et le spirituel. Nous avons déjà remarqué qu'elle avait eu le courage de passer par Amiens sans s'arrêter auprès de son frère. Elle avait trouvé la régularité établie dans son monastère; ce ne fut point assez pour elle de l'y maintenir, elle entreprit d'y faire régner la ferveur, et elle y réussit par l'exemple plus encore que par l'autorité.

Outre la conduite de ses religieuses, elle était encore chargée d'un nombreux pensionnat, composé en grande partie de demoiselles anglaises et protestantes : elle le dirigeait avec autant de zèle que de sagesse. Touchées de ses vertus et éclairées par ses leçons, plusieurs de ces jeunes élèves abjuraient leur erreur en France; quelques-unes s'y fixaient, en se consacrant à Dieu dans des communautés religieuses; et les autres, en retournant dans leur patrie, y reportaient, avec des mœurs pures, des semences précieuses de catholicité que d'heureuses circonstances pouvaient féconder.

Après la mort de la vertueuse abbesse, M. de la Motte ne put s'empêcher de faire son éloge. Il parla publiquement de son amour pour la retraite et de sa grande régularité. Il la loue de son exactitude à assister aux offices du chœur. Dans l'impuissance de s'y rendre, elle s'y faisait porter, s'estimant heureuse de se trouver au milieu de ses filles, et de pouvoir du moins, tandis qu'elles chantaient les louanges de l'Agneau, lui offrir de son côté le sacrifice de ses souffrances. Dans la plus grande défaillance de ses forces, et n'ayant plus qu'un souffle de vie près de s'éteindre, ce fut à l'église, et à la tête de sa communauté, qu'elle voulut communier pour la dernière fois. « J'ai perdu ma pauvre sœur, écrivait le prélat, elle est morte saintement, grâces à Dieu; elle se fit habiller et porter au chœur jusqu'à l'agonie, et elle y reçut de ma main le viatique. » Ce que le monde, et le monde même réputé religieux, blâmerait comme un zèle outré et une indiscrétion meurtrière, le frère en fait un mérite à sa sœur; il ne paraît pas, en effet, qu'une si édifiante régularité, pratiquée pendant près de vingt années d'infirmités, ait abrégé de beaucoup les jours de la pieuse abbesse, qui mourut âgée de quatre-vingt-trois ans.

Il restait encore à M. de la Motte un frère, à peu près de même âge que lui, avec lequel il avait passé toute son enfance, et que les mêmes goûts, et surtout les mêmes vertus lui rendaient infiniment cher. C'était un homme d'un vrai mérite, et aussi digne d'être proposé pour modèle dans sa profession que son frère dans l'épiscopat.

Après avoir rempli avec distinction les premiers grades militaires, tant à Malte que dans sa patrie, il obtint les récompenses honorables attachées aux grands services. Commandeur de l'ordre de Malte, et pourvu d'un revenu considérable, il n'en réservait que la moindre partie pour lui-même, et tout le reste était employé en bonnes œuvres. Au commencement des hivers, il habillait tous les pauvres et les vieillards des villages dépendants de sa commanderie. Lorsqu'il était sur les lieux, les malades étaient secourus et soignés par ses ordres, et à ses dépens lorsqu'il était absent. Dans le temps où les pauvres ouvriers manquaient de travail, il leur faisait distribuer du pain; il donnait du blé aux paysans qui n'avaient pas le moyen d'en acheter pour ensemencer leur petit champ. Il procurait aux enfants des pauvres les moyens de s'instruire de la religion, et il leur faisait apprendre des métiers. Son revenu s'étant accru de dix mille livres, il n'augmenta pas son train, mais seulement ses aumônes.

Toute la vie du commandeur de la Motte était édifiante et sa piété exemplaire. Apres avoir longtemps pratiqué les austérités de la vie militaire, il trouvait douces celles de la vie chrétienne. Sa table était frugale, il couchait sur la dure, et donnait peu de temps au sommeil. « J'ai la consolation, écrivait le saint évêque, en parlant de ce frère, de le savoir homme de bien et très-aumônier. Toutes ses lettres ne respirent que dévotion. Il a passé seize jours pleins à Septs-Fonts, se contentant, comme moi, de légumes et d'œufs, et ne faisant qu'un repas par jour. Il a édifié les religieux; et lui, de son côté, a été content de cette maison. Ce frère sert Dieu de tout son cœur : il a une chapelle en sa maison, il y entend la messe et y communie fréquemment. » Et après que la mort le lui eut enlevé : « Il est vrai, dit-il, que de toutes les pertes que j'ai faites en ma longue vie, il n'en est aucune qui m'ait pénétré autant que celle-ci. Mon affliction ne sera pas passagère; mais, grâces à Dieu, elle est tranquille; les motifs de consolation que la foi me fournit sont solides. Il y avait longtemps qu'il vivait chrétiennement. » Nous ajouterons ici, ce que ne dit pas le saint évêque, mais ce que tout le monde pensait, que les grandes vertus, qui distinguaient sa famille, étaient le fruit des grands exemples qu'il lui avait offerts dès son enfance.

Tous les autres sacrifices deviennent faciles à un cœur qui sait faire si généreusement à la religion celui des plus douces liaisons de la nature; aussi la vie de M. de la Motte n'offre-t-elle qu'un enchaînement de privations volontaires, et un exercice habituel de détachement, qui semblait ne lui rien coûter. Juste appréciateur des biens créés, parce qu'une saine raison ne les lui faisait envisager que dans le miroir de la foi, il regardait en pitié les vaines agitations de ces mondains, réputés des sages, quelquefois même de grands hommes, tandis qu'on les voit se tourmenter et souvent se déchirer pour s'établir solidement sur une terre qui se dérobe sous leurs pas, et ne doit les porter que pendant un point de leur existence. Il les comparait à une troupe folâtre d'enfants qui se disputent une bulle d'air qui s'évanouit sous la main qui l'a saisie. « Hélas! disait-il quelquefois, de quelque côté qu'on se tourne, on ne découvre que de petites âmes qui courent après de petites jouissances, qui se font une occupation des choses du temps et comme un jeu de celles de l'éternité. »

Dans cette disposition, nul évènement n'était capable d'altérer la paix du saint évêque, ni de troubler son bonheur. Si son homme d'affaires lui parlait de dommages et de pertes temporelles qui le regardassent, sa réponse ordinaire était : « Il n'y a point là de péché; » et il était consolé. A l'occasion d'une diminution de ses revenus et d'une augmentation de ses charges : « Telle est, écrivait-il, la volonté de Dieu; qu'il soit béni. Ce n'est pas le trop peu qui m'embarrasse, c'est encore le trop; puisque ce sera sur cela que roulera le compte que je rendrai. C'est, en vérité, un accroissement de misère qu'une augmentation de biens. Je regarde cette vie comme un exil auquel nous sommes tous condamnés : je tâche de m'y attacher le moins que je puis. »

Un jour, pendant qu'il chantait les vêpres dans sa cathédrale, on vint lui annoncer que le feu était dans son palais. Sans marquer ni trouble, ni inquiétude, il sortit pour aller retirer de son appartement quelques dépôts qui lui avaient été confiés, et revint sur-le-champ continuer de chanter l'office. Les vêpres finies, il resta prosterné devant le saint Sacrement pour faire à Dieu son sacrifice. Il est vrai qu'il n'était pas nécessaire que sa présence animât ceux qui travaillaient à éteindre l'incendie; le peuple s'y portait avec un zèle incroyable, et les pauvres, en sauvant les meubles, se disaient : « C'est pour nous que nous travaillons. » Il ne perdit pas la moindre chose de son mobilier; mais l'appartement qu'il occupait ayant été brûlé, il se retira dans son séminaire. La paix et la tranquillité l'y accompagnèrent. On ne s'aperçut pas même que cet accident lui eût rien fait perdre de sa gaieté ordinaire. Ce qui lui coûtait le plus, c'était, disait-il, d'avoir à répondre à une infinité de lettres de condoléance qui tombaient absolument à faux. Il en prenait occasion pour donner lui-même des leçons de détachement à ceux qui supposaient qu'il avait besoin de consolation. C'est dans cette circonstance qu'il écrivit : « J'ai vu, par expérience, que rien, dans les malheurs, n'est plus consolant que de les méditer dans la volonté de Dieu, et de se remettre sous sa main avec le plus grand abandon, en le priant d'exercer ici-bas sa justice, et de garder pour l'autre vie ses miséricordes; parce qu'au fond tous les châtiments de ce monde sont de vraies miséricordes. J'avais de l'affection à cet appartement qui me logeait très-commodément; tout y était agréable, et Dieu a pris plaisir à m'en chasser. »

» Bénissons-le dans tous les évènements où il n'est pas offensé. Tout lui appartient; nous n'avons nos biens qu'en emprunt; il est en droit de les retirer quand il lui plaît. Je l'ai béni si souvent des biens qu'il m'a faits; ne faut-il pas le bénir quand il juge à propos, pour sa gloire et pour notre avancement spirituel, de nous faire éprouver quelque accident ? »

Sans solliciter ni attendre aucun secours étranger, M. de la Motte avait déjà pris des arrangements pour faire réparer son palais, lorsque Louis XV., de son propre mouvement, lui fit offrir un secours de vingt mille livres. Le ministre lui annonçait les dispositions du monarque en ces termes. « Le roi, qui n'ignore pas la résignation édifiante et chrétienne avec laquelle vous avez reçu ce malheur, et qui sait d'ailleurs que votre revenu a été, toute votre vie, l'apanage des pauvres, a voulu vous mettre a portée de réparer cette perte sans qu'ils en souffrissent. Sa majesté m'a demandé si vous m'aviez écrit quelque chose sur cet incendie; je lui ai répondu que non, et que je vous connaissais assez détaché des biens de ce monde, pour n'être pas étonné de votre silence. »

La délicatesse du saint évêque allait jusqu'au point que, dans la crainte qu'on n'eût exagéré au roi la perte qu'il avait faite, il crut devoir lui représenter dans la lettre de remerciement qu'il lui écrivit, que peut-être les aumônes royales pourraient être appliquées à des besoins plus urgents que les siens, et il insistait sur le peu de dommage qu'il avait souffert. « Sa majesté, lui répondit le ministre, a lu, d'un bout à l'autre, la lettre que vous lui écrivez, et, en me la rendant, m'a dit qu'elle persistait à donner aux pauvres la somme de vingt mille francs, puisque vous étiez dans l'usage de leur donner tout ce que vous aviez. »

Le désintéressement du prélat éclatait dans toutes les occasions où il s'agissait d'intérêts temporels. L'aversion qu'il avait pour les procès lui fit, plus d'une fois, acheter la paix à prix d'argent. Obligé de soutenir les droits de son église et de son siége, il engageait les débiteurs de mauvaise foi à reconnaître leur dette; et, à cette condition, il leur en faisait la remise pour éviter un procès. Le grand principe qu'il ne cessait de rappeler à son homme d'affaires à Paris, c'est qu'un évêque, qui prêche la charité et le désintéressement, doit en donner l'exemple par sa facilité à se prêter à des accommodements par des sacrifices. « Je suis persuadé, lui écrivait-il au sujet d'un procès, que, si vous perdez et moi aussi, nous serons bientôt consolés; mon parti est bientôt pris où Dieu n'est pas offensé. » Après le gain d'une affaire : « Toute notre gloire, lui mandait-il, consiste à avoir eu raison; et notre bonheur, à avoir trouvé un avocat qui pût la faire entendre. Je vous conjure de vaincre sans triompher, et de ne vous laisser aller à aucun terme de mépris à l'égard de personne. » Et dans une circonstance contraire : « Nous voilà donc jugés, mon cher; et, selon que vous m'avez mandé, condamnés. Il faut toujours présumer que les juges ont fait leur devoir, quand nous ne sommes pas sûrs du contraire. »

Si la foi de M. de la Motte était le principe de ce parfait désintéressement, sa charité sans bornes en était le garant. On est bien éloigné d'écouter les conseils de la cupidité, quand on ne goûte, comme lui, le plaisir de posséder que pour celui de donner. Son amour pour les pauvres, le même dans tous les temps, varia dans ses effets, suivant les différents états de sa fortune.

Devenu évêque, il semblait être plus charitable, uniquement parce qu'il était plus riche. Mais on peut se rappeler que, dans tous les pays qu'il habita, il se montra l'ami des pauvres, et que, fort jeune encore, après leur avoir donné son argent, il leur donnait ses habits. Tous les genres de bonnes œuvres lui étaient chers ; tous les établissements de charité l'avaient pour protecteur ; tous les malheureux pouvaient compter sur son assistance ; ses diocésains y avaient des droits de préférence, mais l'étranger n'en était point exclu ; et c'est ici que l'on voyait une belle preuve de ce qu'a dit un grand prince, l'immortel élève de l'immortel Fénelon [1] : « Qu'un roi de France soulagerait moins la classe la plus malheureuse de ses sujets, par la plus grande diminution possible des impôts publics, que par son attention à ne mettre à la tête des biens ecclésiastiques que des hommes vertueux et charitables. »

La pratique du saint évêque dans la distribution de ses aumônes était conforme à ses principes, les plus parfaits sur la charité chrétienne. Il disait que le vœu de Salomon, de n'avoir ni les richesses, ni la pauvreté, appartenait encore à l'ancienne loi ; que la loi nouvelle, plus parfaite, portait le chrétien à se soumettre aux incommodités de la pauvreté pour soulager ceux qui en éprouvent les rigueurs. Donner de son superflu, c'était selon lui acquitter la dette de l'humanité ; donner de son nécessaire, c'était se montrer chrétien ; et pour un bénéficier, l'aumône était moins une vertu qu'un devoir de l'honnête homme ; devoir dont il ne doit pas plus tirer de vanité que l'économe d'un hôpital qui en emploie les revenus au soulagement des malades, content pour lui-même du nécessaire auquel sa place lui donne droit.

[1] Vie du Dauphin, père de Louis XV, tome I. p. 287.

L'énumération des charités du saint évêque serait immense ; chaque jour en offrait de nouveaux traits ; et ses bienfaits, comparés avec ses ressources, sembleraient avoir dû les épuiser plusieurs fois. Il payait des pensions entières et des demi-pensions à un grand nombre de jeunes ecclésiastiques, il en payait à une infinité de pauvres familles. Je lis dans une lettre qu'il écrivait à un homme de confiance : « Vous connaissez les forces de l'évêché, et je puis prendre Dieu à témoin que je n'ose pas employer deux cents francs en choses très-convenables. Quand l'hôpital cessa de donner, je me chargeai de cent familles pour de petites pensions ; je les ai continuées, et il ne me reste jamais un écu. » Il porta la charité jusqu'à assurer des pensions viagères à plusieurs particuliers auxquels il prévoyait que ce secours serait encore nécessaire après lui. Il payait des dots à de jeunes personnes qui désiraient se consacrer à Dieu dans la retraite ; il en aidait d'autres à s'établir honnêtement dans le monde. Il payait des pensions à de jeunes demoiselles, instruites dans des couvents. Dans une circonstance où quatre jeunes anglaises, élevées dans son diocèse, se trouvaient sans ressources, parce qu'ayant abjuré l'erreur, elles ne pouvaient plus retourner dans leur patrie, on lui fit la proposition, qu'on ne pouvait s'empêcher de regarder comme indiscrète, d'ajouter à toutes ses charges un si pesant fardeau. « Je ne les abandonnerai jamais, répondit-il, pourvu qu'elles n'abandonnent pas notre Seigneur Jésus-Christ et son Eglise. Je voudrais, à quelque prix que ce fût, que toutes quatre fussent un jour en paradis. Est-ce trop de donner de l'argent pour qui Jésus-Christ a donné son sang ? »

Le charitable évêque faisait apprendre des métiers

aux enfants des pauvres, et leur procurait les outils et instruments dont ils avaient besoin. Tous les ans, les pauvres habitants des terres dépendantes de l'évêché recevaient des aumônes réglées. Dans la ville, il se faisait à son compte des distributions de pain, sur la demande des curés. Il donnait aux malades et aux prisonniers, il donnait aux particuliers et aux communautés. Les pauvres honteux surtout, parmi lesquels étaient souvent des nobles et des ecclésiastiques, avaient des droits privilégiés à ses bienfaits : il prévenait des besoins qu'ils n'eussent osé lui exposer; et pour leur épargner jusqu'à la honte de recevoir, il leur faisait parvenir ses secours par des mains discrètes et amies. En envoyant un jour sept louis à un ecclésiastique malade depuis quelque temps : « Je n'en ai que quatorze, lui écrit-il, je partage volontiers avec vous, bien fâché de ne pouvoir mieux faire. » Ce fut un autre ecclésiastique, lié d'amitié avec le malade, qui lui remit secrètement la lettre et l'argent.

Au commencement de son épiscopat, il forma une assemblée de dames charitables, qui s'appliquaient à découvrir les besoins des malheureux et à y pourvoir. Il établit un hospice en faveur des pauvres femmes en couches. Il en protégea efficacement un autre destiné à offrir un asile aux personnes du sexe qui cherchaient à entrer en condition. Il mit à la tête d'une maison de filles pénitentes, des religieuses dont il s'engagea à payer la pension. Informé que la plupart des malades qui sortaient de l'hôpital étaient obligés d'avoir recours à la mendicité, il chargea une personne intelligente de remettre à chacun d'eux une petite somme qui pût les faire subsister jusqu'à ce qu'ils eussent trouvé du travail et recouvré les forces nécessaires pour s'y appliquer.

La réputation qu'avait le saint évêque de donner tout ce qu'il avait, lui attirait des demandes des extrémités du royaume, et il s'efforçait de pourvoir à toutes. Son patrimoine était pour les étrangers, et les revenus de son évêché pour ses diocésains. Louis XV, informé de tout le bien qu'il faisait, lui donna une abbaye pour qu'il en fît encore davantage. Le religieux prélat hésita et consulta beaucoup avant de l'accepter; la réponse unanime des théologiens les plus éclairés et les plus vertueux qu'il y eût en France fut : « Qu'étant, comme il était notoire qu'il l'était, le père des pauvres et des malheureux, et se faisant de tous leurs besoins autant de besoins particuliers, son premier bénéfice, qui pouvait offrir du superflu à un autre, ne lui donnait pas à lui-même le nécessaire. » Rien de plus sage que cette décision; et une lettre, qu'écrivait M. de la Motte dans la circonstance, la justifie parfaitement. En faisant part à un religieux de la Trappe de sa nomination à cette abbaye, il dit que la Providence toute seule, sans qu'il en ait dit un mot à personne, lui envoie ce secours qui était nécessaire aux besoins de son diocèse, et le mettait en état de faire de temps en temps un voyage à la Trappe. « Car, ajoute-t-il, je n'osais me permettre même ce qui peut servir à mon édification, tant j'étais à l'étroit, parce que je n'ai jamais cru devoir retrancher de mes aumônes. » Lorsque ses chanoines vinrent le féliciter sur cette augmentation de ses revenus : « Messieurs, leur dit-il, si vous vous apercevez de quelque différence dans ma manière de vivre, si vous voyez ma table mieux servie, mes chevaux plus nombreux ou plus beaux, mon équipage plus brillant, mes meubles plus précieux, je vous supplie instamment de vouloir bien m'en avertir;

et, avec la grâce de Dieu, j'y mettrai ordre sur-le-champ. »

Quelqu'un néanmoins prit un jour la liberté de lui représenter que les ecclésiastiques, moins délicats que lui, et avec des vues moins pures, pourraient s'autoriser de son exemple, qui deviendrait une sorte de scandale : « Vous voyez bien, répondit le saint évêque, que ce scandale me serait absolument étranger, et qu'il y aurait une insigne mauvaise foi à ne vouloir prendre de l'exemple que je donne que la partie qui favoriserait la cupidité, en laissant l'autre qui la détruit. Un bénéficier ne peut se tranquilliser, d'après mon exemple, qu'autant qu'il le suivra tout entier, et qu'en recevant un second bénéfice, il ne le recevra que pour les pauvres. » Voilà sans doute la vraie charité : elle ne s'arrête point à la lettre qui tuerait les pauvres, mais à l'esprit qui leur donne la vie ; et ce qu'une injuste cupidité se permet à leur préjudice, elle se croit en droit de le faire en leur faveur.

Quoique l'évêque d'Amiens eût pour principe de mettre le plus grand ordre dans sa dépense, l'abbaye qu'on lui donna lui vint fort à propos pour le mettre en état d'acquitter des dettes que les besoins urgents des pauvres l'avaient obligé de contracter. Divers fléaux, des épidémies et une affreuse disette de plusieurs années l'avaient porté à compter plus sur la Providence que sur les calculs de la prudence humaine. Il assurait que jamais cette bonne Providence ne lui avait pas manqué. « Non, disait-il quelquefois, ma confiance n'a jamais été vaine ; et lorsque je me suis vu serré de plus près, quelque évènement inattendu est toujours venu à mon secours. »

Le saint évêque ne se serait pas pardonné d'avoir

laissé échapper la moindre occasion de soulager les malheureux. Quelquefois, après avoir dit qu'il lui était impossible de concourir à une œuvre de charité, parce qu'il le croyait ainsi, il faisait dire aux personnes qui la lui avaient proposée, qu'après de nouveaux calculs, il avait trouvé qu'il pourrait y contribuer, du moins pour une somme qu'il fixait. Ayant un jour, contre son ordinaire, refusé l'aumône à une pauvre femme, il la fit rappeler sur-le-champ, et en écoutant avec bonté le long exposé qu'elle lui fit de sa misère, il eut occasion de découvrir que ses besoins spirituels étaient plus grands encore que les autres. Il gagna sa confiance, se chargea de sa conduite, la confessa pendant plusieurs années, et la rendit à la religion et à ses devoirs qu'elle avait depuis longtemps abandonnés. Il lui donnait des secours temporels en même temps qu'il prenait soin de sa conscience, croyant devoir déroger en sa faveur à la règle générale qu'il s'était prescrite ; car il ne confessait point les personnes auxquelles il faisait des aumônes. « Voulez-vous, leur disait-il, me parler de vos misères spirituelles, je vous écouterai ; mais adressez-vous à un autre pour vos besoins corporels. »

Les demandes excessives et plus qu'indiscrètes qu'on lui faisait de toutes parts, sans jamais lasser sa charité, exerçaient souvent sa patience. Un religieux, en qui il avait confiance, le priait un jour de rétablir une pension qu'il avait longtemps payée à une pauvre dame étrangère, et supprimée ensuite sur une fausse délation. « Vous savez bien, répondit-il, que je suis surchargé : voyez, je vous prie, cette lettre qu'on m'écrit du fond du Languedoc, pour me demander six mille francs. On croit apparemment que l'évêque d'Amiens a chez lui un puits d'or. » Le religieux ayant insisté sur le besoin réel et urgent de la dame : « Prenez donc ce chandelier que voilà, lui dit M. de la Motte, avec un peu d'émotion, car je n'ai plus le sou. » Puis, à l'instant même : « Pardon de ma vivacité, ajouta-t-il, vous direz à notre pauvre anglaise que je lui continuerai sa pension; j'aurais bien tort de me défier de la Providence. »

On parla souvent à M. de la Motte des abus de la mendicité. « Personne, répondait-il, ne les connaît mieux que moi; mais tant qu'on ne procurera pas aux mendiants des moyens de subsistance, et qu'on leur permettra de demander, je me ferai un devoir de leur donner. » Il portait si loin la fidélité à cette pratique, que plus d'une fois, lorsqu'il ne se rendait pas dans certains endroits où il savait que les pauvres devaient l'attendre, il leur faisait porter son aumône. Dans le temps que l'on établit les dépôts, il ne négligea rien pour alléger le sort de ceux qu'on y renfermait. Il leur procura des instructions, et tous les secours spirituels dont ils avaient besoin. Il les visitait lui-même, et il payait une somme, afin qu'on ajoutât tous les jours quelque chose à la nourriture qu'on leur donnait.

Une des œuvres de charité que le saint évêque aimait beaucoup à exercer, c'était l'hospitalité envers les malheureux. Lorsque des prêtres, tombés dans quelque disgrâce, et poursuivis par le malheur, venaient se réfugier auprès de lui, il les accueillait, il leur donnait sa table, il leur procurait tous les soulagements dont ils avaient besoin. On vit plus d'une fois des ecclésiastiques rester chez lui pendant un temps considérable, sans que personne les connût que lui seul. Il lui en arriva un jour un du comtat d'Avignon, qui fuyait pour une mauvaise affaire qu'on lui avait intentée. Il se fit connaître en rappelant une longue inimitié qui avait régné entre sa famille et celle de M. de la Motte : c'était là toute sa recommandation, et c'en fut une grande auprès du saint évêque. Il remercia la Providence de lui offrir une si belle occasion de pratiquer ce conseil : « Si votre ennemi a faim, donnez-lui à manger. » Il l'accueillit avec une extrême bonté, le garda pendant trois mois, et ne le laissa manquer de rien. En parlant de son hôte à une personne qu'il devait recevoir chez lui : « C'est, dit-il, un homme de trente ans, peu aimable, sourd et presque aveugle. » Voilà une charge que vous me trouverez; mais qui exercera l'hospitalité, si les évêques la refusent? et où des prêtres iront-ils s'ils ne la trouvent pas chez des évêques? Plus ils manquent de ressources, plus ils méritent d'attention. »

Nous rapporterons un autre trait de la charité de M. de la Motte, que nous ignorerions, si celui qui en fut l'objet n'eût eu assez d'humilité pour nous le faire connaître lui-même, et ne pas craindre qu'il fût rendu public. Un religieux, chartreux depuis dix-huit ans, s'était peu à peu dissipé dans le commerce des hommes ; et la dissipation conduit toujours loin un religieux dévoué à la retraite. Après plusieurs changements d'offices et de maisons, et plusieurs tentatives inutiles pour se renouveler dans l'esprit de son état, parmi le tourbillon de pensées qui l'agitaient, il s'arrêta heureusement à celle qui lui vint d'aller trouver l'évêque d'Amiens, comme l'homme du monde le plus capable de fixer ses irrésolutions, et de lui donner le conseil du salut.

Le projet était bon, l'évènement l'a justifié; mais les moyens qu'employa le religieux, pour l'exécuter, ne sauraient être proposés pour modèles. Il commença par emprunter, sous de faux prétextes, de l'argent de quelques amis, se tranquillisant à cet égard, sur ce que son père le leur rendrait, comme il le fit en effet. Il s'échappa ensuite de son couvent, et traversa pour se rendre à Amiens environ trois cents lieues, déguisé en laïque et l'épée au côté. L'argent lui ayant manqué en route, il écrivit à M. de la Motte pour lui exposer sa situation, et le prier de lui faire parvenir la somme dont il avait besoin pour se rendre auprès de lui. Quoique le saint évêque eût tout lieu de soupçonner qu'il n'avait affaire qu'à un aventurier, la crainte de manquer le salut d'une âme ne lui permit pas d'hésiter : il envoya sur-le-champ la somme demandée, par une lettre de change. Le voyageur l'ayant reçue, part pour Amiens, et y arrive le premier jour du carême. « Descendu à l'auberge, continue l'humble religieux, j'écrivis un mot au saint évêque, pour lui apprendre mon arrivée, et le prévenir avec beaucoup de confusion, qu'il aurait le chagrin de me voir sous un habit peu sortable. Il m'envoya dire qu'il m'attendait à l'évêché. J'y fus, je le trouvai seul, je me jetai à ses pieds. Il me releva, m'embrassa d'un air mêlé de gravité, de joie, de tendresse et de miséricorde, qui le rendait semblable au père de l'enfant prodigue, comme moi je ressemblais à l'enfant même. Après quelque peu d'entretien, il me fit monter avec lui en carrosse pour aller au séminaire où il était pour lors logé. Il me donna un lit dans son propre appartement, et c'était celui qui avait le plus d'apparence; car, pour lui, il couchait dans un autre beaucoup plus petit, et, je crois, sans rideaux..... Je mangeais tête à tête avec lui, et bien plus frugalement que je n'avais coutume de faire. Je le lui fis connaître une fois, non pas peut-être à lui-même, mais il le sut, il en badina, et n'en fut pas offensé. »

M. de la Motte, après avoir gardé son hôte pendant un mois, et s'être assuré de ses dispositions, prit des arrangements avec le général des chartreux et avec l'abbé de la Trappe, pour le faire passer dans cette maison. Il y fut admis; il y persévéra dans la pénitence et la ferveur religieuse, et survécut à son bienfaiteur, qui toute sa vie conserva pour lui l'affection du plus tendre des pères.

Pour suffire à tant de charités et de bonnes œuvres de tous les genres, M. de la Motte avait besoin d'user de la plus sévère économie. Mais, dès qu'il s'agissait de venir au secours des malheureux, il n'était point de sacrifices qui pussent l'arrêter. Outre ceux dont nous avons déjà parlé, il en fit un qui lui coûta beaucoup. C'était une de ses grandes satisfactions de retenir à dîner les ecclésiastiques qui venaient de loin pour le voir; il y renonça lorsqu'il vit qu'eu égard à l'étendue de son diocèse, il ne pouvait donner cette marque de son amitié à ses prêtres, qu'en doublant habituellement la dépense de sa table, au préjudice d'un grand nombre de pauvres qui attendaient de lui le nécessaire.

Cependant tout ce que faisait le charitable évêque, en faveur des malheureux de toutes les classes, ne le satisfaisait pas encore. Son cœur fut toujours plus grand que sa fortune; et sa joie, lorsqu'il avait soulagé un nombre de misérables, était encore troublée par le chagrin de n'avoir pu les soulager tous. « Je suis accablé de demandeurs, écrivait-il dans une circonstance, et c'est véritablement une croix, parce que je suis forcé de tout refuser, n'ayant plus rien. » Ce qu'il disait quelquefois, que la vraie charité doit aller jusqu'à se faire pauvre pour l'amour des pauvres, il le pratiquait habituellement, et lorsqu'après avoir épuisé tous ses moyens ordinaires, il voyait encore des malheureux dans le besoin, il avait recours aux expédients de la pauvreté, il empruntait, il vendait, il faisait argent de ses meubles. Son homme d'affaires lui ayant un jour acheté de l'étoffe pour meubler, dans son palais, l'appartement destiné aux étrangers, il parut d'abord fort content du marché; mais, bientôt après, touché de quelque nouveau besoin des pauvres, il fit revendre l'étoffe à leur profit. Ce ne fut pas là pour lui la matière d'un grand sacrifice; il en fit un qui dût lui coûter davantage; ce fut à l'occasion de l'explosion d'un magasin à poudre dans une des villes de son diocèse. Après avoir été consoler sur les lieux les malheureuses victimes de ce terrible accident, et s'être épuisé pour leur procurer les premiers soulagements, il résolut de vendre ce qu'il avait de plus précieux dans sa chapelle : c'étaient des vases de vermeil servant au sacrifice, et des ornements pontificaux, richement brodés. Il les fit porter à Paris et exposer en vente. Madame Louise en fit l'acquisition, et lui manda qu'elle l'avait faite à des conditions assez avantageuses, pour vouloir que l'usage lui en restât toute sa vie. M. de la Motte sentit toute la délicatesse du procédé, ratifia la vente, mais sans vouloir souscrire à la condition qu'y mettait la généreuse princesse; en sorte que ces ornements restèrent au couvent des Carmélites de Saint-Denis, où ils furent soigneusement conservés, et comme précieux en eux-mêmes, et comme plus précieux encore pour avoir été à l'usage du saint évêque.

Enfin, portant jusqu'au delà du tombeau ses vues de miséricorde et sa tendre compassion pour les malheureux, il trouva le moyen de leur assurer les effets de sa charité, et de se survivre en quelque sorte à lui-même, en se donnant pour successeur un vrai père des pauvres, et, comme il aimait à l'appeler, un saint Jean l'aumônier.

Ce n'était pas seulement par ses aumônes, et en donnant son argent à ses pauvres diocésains, que le charitable pasteur leur prouvait son affection, c'était aussi en leur donnant ses conseils, son temps, sa protection, en leur rendant tous les bons offices que des enfants peuvent attendre du meilleur des pères; en sorte que sa bonté compatissante, sa facilité, sa patience à écouter les pauvres, lui attiraient, de leur part, plus de bénédictions encore que toutes les largesses qu'il leur faisait. Le plus misérable de ses diocésains avait-il à lui parler de quelque affaire, il n'y avait pas de jour où il ne pût obtenir une audience. Voulait-il l'entretenir des besoins de son âme, il n'y avait pas de jour où il ne pût le trouver au confessionnal. En un mot, tout entier à tous ceux qui s'adressaient à lui, il ne jouissait pas d'un instant de loisir; ou, pour parler plus juste, son unique jouissance était de s'immoler sans cesse à tous les besoins de son troupeau.

Quoique sa grande vivacité lui eût fait de la patience une vertu très-pénible, il la pratiquait néanmoins dans toute sa perfection, s'y encourageant par une belle pensée qu'il aimait à suggérer aux personnes en place. « Que Dieu se cache souvent sous la personne de l'importun. » On le vit un jour, au retour d'un long voyage, et dans l'instant même de la première entrevue avec des parents et des amis, venus à sa rencontre, distinguer une personne dont il avait autrefois dirigé la conscience, et, sans lui faire apercevoir son indiscrétion, passer une heure entière à écouter l'exposé qu'elle lui fit de ses peines d'esprit, et à les calmer. Il lui arriva quelquefois de succomber à l'ennui de certaines conversations insipides, par le sommeil, mais jamais par la brusquerie et la mauvaise humeur. En rapportant à une personne de confiance comment une dame avait exercé sa patience pendant plusieurs jours : « Au bout d'une heure et demie d'audience, dit-il, si quelqu'un entrait, j'avais la douleur de lui entendre dire : *il est triste de ne pouvoir jouir un instant de votre conversation*. C'est quelque chose d'assommant, cependant il faut l'entendre; car, au fond, elle veut le bien. Supportons-nous les uns les autres. »

Rien n'était plus à charge au saint évêque que d'avoir à écrire des lettres de recommandation, et d'être obligé de solliciter des grâces pour ses diocésains : il le faisait cependant lorsqu'on l'en priait, et on l'en priait très-souvent. « C'est exiger de moi ce qui me coûte le plus, disait-il à ce sujet, que de me faire écrire pour des grâces. Je les fais aussi volontiers, que peu volontiers je les demande.... Le bon Dieu, qui ne m'envoie pas de croix personnelles, m'accable de celles des autres. Je vous avoue que j'aimerais mieux être évêque de Quebec que d'Amiens. Toutes les lettres de recommandations qu'on m'adresse me remplissent mon temps et me consument. Je voudrais être tout à mon état, et me voilà distrait par des soins qui n'y ont pas le moindre rapport. Ajoutez que, dans le temps que les uns ont à se plaindre de mes inportunités, les autres se plaignent que je ne sollicite pas assez. Voilà donc mon sort, celui de souffrir : Dieu veuille que ce ne soit pas sans profit. »

Ce n'était pas assez pour le saint évêque d'embrasser avec courage les travaux pénibles attachés à sa dignité, et d'en soutenir avec patience les embarras et les sollicitudes; aux austérités qu'il trouvait dans l'épiscopat, et à celles que prescrit le christianisme, il ajoutait encore diverses austérités de choix; et sa vie, simple et commune en apparence, cachait toute la sévérité de la pénitence.

Jusqu'à l'âge de quatre-vingts ans, il ne fit qu'un repas par jour; et, le vendredi, son jeûne était plus austère que les autres jours. Le soir il faisait une très-légère collation; et ce n'était pas chez lui un régime de santé, tel que l'observent quelquefois les riches, qui ne pourraient, sans s'altérer le tempérament, se permettre un souper après le dîner splendide qu'ils ont fait. M. de la Motte dînait très-sobrement, et ne mangeait ordinairement que d'un plat, de celui qui se trouvait sous sa main. Personne ne connaissait les mets qu'il aimait le mieux. Son cuisinier lui-même ne put jamais réussir à deviner ses goûts. On servait, à différents jours, quelques plats à sa portée; il mangeait également des uns et des autres, sans laisser soupçonner la moindre préférence pour aucun. Une demi-livre de pain chaque jour lui suffisait; il mangeait peu de viande; il buvait peu de vin, et jamais pur. C'était comme naturellement, et sans la moindre apparence d'affectation, qu'il suivait cet ordre de sobriété dans sa maison. S'il avait des étrangers, sa table était servie suivant la qualité des personnes qu'il y recevait, et alors la gaieté de sa conversation, et son ton d'aisance dans les attentions qu'il avait pour ses convives, ne leur permettaient pas de remarquer que, tout entier à eux, il s'oubliait lui-même. Dans le cours de ses visites pastorales, et toutes les fois qu'il prenait ses repas ailleurs que chez lui, il mangeait indifféremment de tout ce qu'on lui offrait, aimant mieux manquer à la mortification d'un jour que de donner à connaître celle qu'il pratiquait habituellement.

Il était âgé de quatre-vingts ans, lorsque, cédant aux instances qu'on lui en fit, il consentit à prendre un léger déjeûner après sa messe. « Ce sont mes domestiques, disait-il, qui ont imaginé de soigner ainsi ma vieillesse. Ils prétendent me faire vivre; il ne serait pas de la charité de contrister toujours les attentions que la charité a pour nous. » Mais jusqu'à la dernière année de sa vie, il observa les jeûnes de l'Eglise, et fit surtout le carême avec une effrayante austérité. Il passait tout ce saint temps dans son séminaire. Il ne paraissait pas alors au réfectoire, comme au temps des retraites; on le servait chez lui où il mangeait seul, et il eût trouvé, sans doute, bien peu de séminaristes qui eussent voulu passer le carême à sa table. Il s'interdisait l'usage du beurre et des œufs, et ne mangeait du poisson que le dimanche. Son dîner ordinaire consistait en un plat de gros pois cuits à l'eau et assaisonnés à l'huile. Le soir, un petit morceau de pain sec, avec un verre d'eau, faisait sa collation. La règle qu'il suivait pendant ce temps, pour sa nourriture, était celle des solitaires de Sept-Fonts, comme on le voit par une lettre qu'il écrivait à une personne de confiance. « Dieu, dit-il, me fait la grâce de soutenir le carême au séminaire; je vis, dans ma chambre, à l'ordinaire de Septs-Fonts, et je me porte on ne peut mieux. » Si on lui parlait de l'austérité de son carême, il répondait quelquefois, en plaisantant, que le régime qu'il suivait était affaire de convention entre lui et son vieil estomac qui s'en accommodait fort bien. D'autres fois il disait que l'Eglise, en ordonnant ce temps de pénitence, n'avait pas eu en vue de flatter notre sensualité. Il lui échappa, un jour, d'avouer dans une confidence amicale, qu'il souffrait habituellement de la faim : « Et c'est là toute ma pénitence, ajouta-t-il, car on s'accoutume à la qualité des aliments. » Mais ce n'est pas, sans doute, sans qu'il en ait auparavant coûté beaucoup à la nature.

Le saint pénitent trouvait un autre moyen habituel de mortification dans la privation du sommeil, auquel il ne donnait que très-peu de temps. Nous avons déjà remarqué que dans les froids les plus rigoureux de l'hiver, il se levait, au plus tard à quatre heures; il était quelquefois levé à trois heures, et même à deux. Souvent encore, il se levait pendant la nuit, et il en passait une partie en adoration devant le saint Sacrement, dans la chapelle de l'évêché. Ni la fatigue des voyages, ni les insomnies, ni même les infirmités de l'âge, ne purent jamais l'engager à donner un instant au sommeil après l'heure qu'il avait fixée pour son lever. Mais une autre de ses austérités, plus grande encore dans la rigueur des hivers, que celle de se lever de si grand matin, c'était de passer sans feu la partie la plus rude de la journée, depuis quatre heures du matin jusqu'à onze. Pour diminuer le mérite de cette mortification aux yeux de ceux qui en étaient témoins, il disait que la compagnie du feu lui aurait fait perdre un temps dont il avait besoin. Si, lorsqu'il écrivait, la rigueur du froid lui engourdissait la main, il allumait à sa bougie quelques-unes des lettres auxquelles il venait de répondre; cette faible chaleur rendait l'activité à ses doigts, et il continuait son travail. Ce ne fut qu'à l'âge de quatre-vingts ans qu'il souffrit qu'on lui allumât du feu aussitôt après sa messe, c'est-à-dire quatre à cinq heures après son lever.

Ce genre de mortification était d'autant plus rigoureux pour M. de la Motte, qu'il était naturellement sensible au froid; et, qu'ayant été élevé dans un pays fort chaud, le climat de la Picardie lui offrait, comme il le disait lui-même, un hiver perpétuel. Il avait cependant encore le courage, en se privant du feu, de ne point rechercher, pour ses habits, les étoffes qui eussent pu le mieux le suppléer. Jamais, non plus, il ne fit usage ni de gants, ni de manchon; et, quoiqu'il eût la tête fort chauve, il ne portait point de perruque. Il plaisantait quelquefois ceux qu'il voyait prendre des précautions extraordinaires pour se défendre du froid. D'autres fois il parlait sérieusement, et disait que c'était contrarier les desseins de la Providence et annoncer des dispositions antichrétiennes, que de se plaindre des saisons, et de raffiner sur les moyens de se soustraire à leur influence. « Cette horreur pour les moindres souffrances me paraît, disait-il, comme un caractère de réprobation dans un chrétien. »

Il recevait les incommodités et les maladies comme des bienfaits de Dieu, dont il le remerciait, sans jamais en paraître affligé, et sans que sa gaieté ordinaire l'abandonnât. Ayant perdu l'ouïe d'un côté, « tant mieux, disait-il, ma mauvaise oreille sera pour mes créanciers, et je garderai la bonne pour mes amis. » Dur à lui-même lorsqu'il était en santé, il l'était plus encore dans la maladie. Le repos et la diète étaient ses remèdes ordinaires, les seuls souvent qu'il voulût employer dans des maladies assez graves. Il assurait qu'il s'en trouvait mieux, que les autres malades de toutes les potions médicales qu'on leur administrait. Aussi disait-il que, dans ses maladies, il faisait appeler son confesseur pour le fond, et son médecin pour la forme. Dans certains moments où il souffrait davantage, il se faisait lire la passion de Notre-Seigneur; quelquefois il congédiait tout son monde et ne voulait pour compagnie que son crucifix. Accoutumé à servir lui-même, et à être seul dans sa chambre lorsqu'il était en santé, il avait une extrême répugnance pour les soins particuliers qu'on voulait prendre de lui pendant la maladie. « Rien ne me fait plus souffrir, disait-il quelquefois, que de voir le mouvement qu'on se donne pour empêcher que je ne souffre. » Ses dispositions à cet égard étaient si bien connues, qu'une personne respectable, qui s'intéressait vivement à sa conservation, ayant fait un voyage exprès pour s'assurer des soins qu'on prendrait de lui pendant une maladie, eut la constance de rester huit jours dans sa chambre, et auprès de lui, sans qu'il le sût, et de repartir, sans lui parler, lorsqu'il se trouva hors de danger; en sorte que ce ne fut que longtemps après sa guérison que le prélat apprit, par hasard, de quelqu'un qui l'en croyait instruit, ce trait d'attachement vraiment héroïque.

Il est aisé d'imaginer combien un homme si mortifié en tout le reste devait être sobre dans ses amusements. Il n'en connaissait presque point; il se délassait d'une occupation par une autre; il ne se permettait aucun des plaisirs qui flattent les sens, il ne jouait jamais, et jamais on ne jouait chez lui. Il se promenait rarement; il ne voyageait que par nécessité ou pour son édification. Le plus doux, et presque le seul de ses délassements, c'était celui qu'il trouvait dans la société de quelques ecclésiastiques vertueux auxquels il pouvait ouvrir son cœur, et faire part de ses sujets de consolation ou de tristesse dans l'ordre de la religion. Il nous apprend lui-même que la somme de ses peines et de ses chagrins excéda toujours de beaucoup celle de ses consolations. Il disait qu'il n'avait pas passé un seul jour dans l'épiscopat, sans désirer d'en être déchargé. Les maux de la religion, les scandales dont il était témoin, lui remplissaient le cœur d'amertume et le dévouaient à une espèce de martyre continuel.

A voir le zèle et la fidélité du saint évêque pour tous les devoirs de son état, on aurait cru qu'il goûtait la plus douce consolation en les remplissant; on se serait trompé. Il avait une sorte d'horreur naturelle pour tout ce qui le donnait en spectacle; et, quoique personne ne gagnât plus que lui à être vu, personne ne craignait tant de se montrer. C'est ainsi que Dieu fait passer par les plus rudes épreuves ceux de ses fidèles serviteurs auxquels il destine ses plus riches couronnes.

Tant de souffrances, et un genre de vie si austère, ne satisfaisaient pas encore le désir qu'avait le saint évêque de se rendre conforme en tout à Jésus crucifié, le grand modèle des pasteurs; et cette âme privilégiée, ce cœur si pur dans tous les âges, ce pontife appelé saint pendant sa vie, affligeait son corps, crucifiait sa chair, et s'efforçait d'expier sous la haire et le cilice, des offenses qui, sans être les siennes, ne lui parurent jamais étrangères, parce qu'elles étaient des offenses faites à son Dieu, et par un peuple dont il était le pasteur.

En voyant ce grand amour des souffrances dans un homme mort à lui-même, on imaginerait volontiers que son commerce aurait dû se ressentir de l'austérité à laquelle il se dévouait; mais, par un contraste frappant, chef-d'œuvre de la religion, M. de la Motte était l'homme de son siècle le plus aimable peut-être, et le plus propre à faire goûter la vertu.

Un extérieur gracieux et prévenant, une tournure d'esprit fine et enjouée, une imagination vive et féconde, des connaissances très-variées, un penchant décidé pour la bonne plaisanterie, tout cela, joint à un excellent cœur, le rendait les délices de la société quand il s'y montrait, et annonçait qu'il en eût été l'idole, pour peu qu'il eût voulu s'y livrer.

Personne n'avait le talent de dire des choses honnêtes avec plus de délicatesse; ses lèvres distillaient la persuasion; on ne pouvait l'entendre sans être de son avis. Sa conversation plaisait aux âmes vertueuses, elle plaisait aux gens d'esprit, Gresset, juge compétent en matière de goût, ne trouvait à personne au monde un esprit plus délicat, et un meilleur esprit, qu'à son vertueux évêque. Lorsqu'on était assez heureux pour rencontrer ensemble ces deux grands hommes si remarquables, ce qui n'était pas rare, on était sûr d'entendre les choses les plus intéressantes et pour le fond et pour la forme. On gardait le silence pour les engager à s'emparer de la conversation; et le plaisir de les entendre, toujours trop court au gré de la compagnie, finissait par l'admiration et le respect.

La justesse d'esprit du saint évêque lui faisait sentir vivement les ridicules et les travers; et son enjouement naturel les lui présentait toujours sous le point de vue le plus plaisant. Aussi, disait-on communément, qu'il aurait été l'esprit le plus agréablement caustique s'il n'eût été le cœur le plus vertueux. Mais sa religion, toujours maîtresse de son esprit, ne lui permettait pas le moindre écart, dont il eût pu se repentir. C'était avec une merveilleuse adresse, et avec tous les ménagements de la charité, qu'il savait, dans une société, réprimer l'indiscrétion, donner un bon avis, condamner un abus, venger un absent, détourner un propos flatteur dont il était le sujet. Il se contentait de donner une leçon, lorsqu'il eût pu immoler au ridicule et se faire honneur d'un bon mot. Dans l'occasion, cependant, il humiliait l'orgueil et la mauvaise foi; il réduisait à sa valeur un propos tendant à affaiblir le respect dû à la piété ou aux personnes qui la pratiquaient; mais alors, encore, la causticité du remède était mitigée par la légèreté de la main qui l'appliquait.

Qu'il me soit permis, pour justifier ce que j'avance, de rassembler ici, sous un seul point de vue, quelques-unes des plaisanteries innocentes, des reparties vives et des saillies ingénieuses de l'aimable prélat, prises entre une infinité d'autres, dans lesquelles on découvrirait également la moralité jointe à la finesse de la pensée et à tout l'intérêt de l'à-propos.

Le cardinal de Fleury, auquel M. de la Motte faisait une visite en passant par Versailles, lui demandait s'il venait de bien loin : « Sans faire beaucoup de chemin, répondit-il, j'ai vu en deux jours les deux bouts du monde, la Trappe et la cour. »

Après avoir entendu un discours latin, au commencement et à la fin duquel il avait reçu des éloges; ne voulant ni applaudir aux louanges qu'on lui avait données, ni refuser à l'orateur celles qu'il méritait : « Votre discours, monsieur, lui dit-il, est très-bon, mais pourvu qu'on le prenne, comme le poisson, entre queue et tête. »

Un jour qu'il était descendu dans une abbaye de bénédictins, accompagné du père Duplessis, le prieur de la maison, en apercevant le célèbre missionnaire qu'il connaissait beaucoup, courut l'embrasser avec la démonstration de l'amitié la plus cordiale. Le prélat, témoin de l'empressement réciproque du jésuite et du bénédictin, s'écria : *O admirabile commercium!* C'était une antienne de l'office du jour.

On lui avait préparé un grand feu pour le recevoir, c'était en plein été, et on le priait de s'en approcher, en lui rappelant ce qu'a dit saint François de Sales, *que le feu est bon en tout temps.* « Vous vous imaginez bien, répondit M. de la Motte, que le saint évêque voulait parler du feu de la cuisine. »

Quelqu'un soutenait, comme une vérité incontestable, que, sur une table où il se trouvait assez pour six, il y avait assez pour huit. « Assez, reprit M. d'Amiens, si vous parlez des bougies qui éclairent les convives. »

Gresset lui demandait un jour à quelle cause il croyait qu'on dût attribuer cette espèce de délire irréligieux qui agitait les écrivains du siècle? « C'est le cœur, dit-il, qui leur fait mal à la tête. »

Un seigneur, qui devait dîner avec le saint évêque, se félicitait de cet avantage, et le priait de vouloir bien le guérir de ses douleurs d'estomac, comme il avait guéri, disait-il, une personne de sa connaissance. « Voilà, M. le marquis, répondit-il, une belle réputation que vous voudriez me faire; c'est-à-dire que vous me prenez pour de la drogue, et que bientôt la thériaque et moi nous serons frère et sœur. »

Un saint religieux de Sept-Fonts lui disait qu'il était ravi de le voir arriver, parce qu'il avait confiance en lui pour la guérison d'un malade de la maison. « Eh! mon cher, lui répondit M. de la Motte, ne voyez-vous donc pas que si j'étais homme à miracles, je me garderais bien de les faire ici quand vous y êtes, je n'en aurais pas l'honneur ! »

On lui disait un jour qu'un peintre, chargé de faire le portrait d'un saint pour une église, avait copié le sien : « Me voilà donc, répondit-il, un saint en peinture; pourquoi faut-il que je sois en même temps un si grand pécheur en réalité. »

Un seigneur, qui le connaissait beaucoup, lui écrivit dans un temps où il était à la Trappe, qu'il lui adresserait dans peu un jeune homme de ses amis, qui désirait beaucoup de connaître ce monastère; qu'il le priait de satisfaire sa curiosité, et surtout, afin de lui donner une idée des austérités qui se pratiquent dans la maison, de lui faire expédier une bonne dose de discipline. « Le pélerin peut arriver quand il voudra, répondit M. de la Motte, je lui rendrai ici, à votre recommandation, tous les offices de l'amitié, mais quant à la discipline que vous êtes bien-aise qu'il reçoive, souvenez-vous qu'il est essentiel que la lettre, dont vous le chargerez à cet effet, porte, suivant l'usage : *valeur reçue comptant.* »

Quelqu'un, dans une juste mais excessive douleur, demandait s'il n'avait pas bien sujet de se plaindre : « De vous plaindre à Dieu, lui dit le saint évêque; mais point de Dieu. »

Une mère désespérée d'avoir perdu son enfant en bas âge, vint le trouver, et semblait, dans l'excès de sa désolation, lui demander qu'il le ressuscitât. Il le fit en quelque sorte, et la renvoya consolée, en lui disant : « Eh ! madame, je vois que vous êtes dans une grande erreur. Vous regardez toujours votre enfant avec des yeux de mère. Ces yeux trompeurs vous montrent un mort, et vous pleurez ! Prenez donc vos yeux de chrétienne, vous verrez, comme moi, ce cher fils vivant heureux au sein de Dieu, et vous vous réjouirez. »

Dans une compagnie où se trouvait M. de la Motte, quelqu'un, avec une affectation un peu maligne, demandait si, depuis que la suppression des jésuites avait été prononcée en France, c'était un mal de parler contre eux, et quel péché ce pouvait être. Le saint évêque, prenant la parole, répondit : « Je ne dirai pas que ce soit un péché contre la foi ; c'est à vous à voir à quel point il peut blesser la charité ; mais nous avons vu un temps où vous vous en seriez bien gardé, comme d'un grand péché contre l'espérance.

Un ecclésiastique entêté des dernières erreurs, et que M. de la Motte avait réduit à ne pouvoir plus même lui répondre rien de spécieux, lui dit qu'il prenait le parti de se taire et de s'envelopper du manteau de l'humilité. « Ce manteau-là, reprit M. de la Motte, vous pourriez bien le porter au temps de la canicule. »

Le duc de Bourgogne, frère du roi, jeune prince vertueux, et qui savait déjà accueillir la vertu, lui disait qu'il était étonné qu'on eût attendu si longtemps à le faire évêque. « C'est, monseigneur, lui répondit M. de la Motte, que quand le roi votre aïeul a une faute à faire ; il la fait le plus tard qu'il peut. »

Une personne, qui en usait assez librement avec le saint évêque, lui disait après avoir entendu sa messe, qu'elle lui avait paru un peu longue. « Vous avez raison, lui répondit M. de la Motte, sur le même ton de plaisanterie : c'est qu'au *Memento* tous vos besoins me sont venus à l'esprit, et je n'en finissais pas. »

Comme on ne doit parler que pour se faire entendre, M. de la Motte ne pouvait souffrir la manière de certains auteurs qui n'écrivent, ce semble, que pour se faire deviner. Un jour il en rencontra un, qui lui lut une de ses productions ainsi écrite en style énigmatique. Il l'écouta attentivement, lui fit ensuite différentes questions sur ce qu'il entendait par différentes façons extraordinaires de s'exprimer. « Par ceci, lui répondit l'auteur, je veux dire telle chose ; et par cela telle autre. Vraiment, reprit le prélat, vous voulez dire de très-bonnes choses ; et que ne les dites-vous donc ? »

Un ecclésiastique un peu vain parlait en sa présence, de sa facilité à composer, et disait que ses sermons lui coûtaient très-peu. « Ce qui a coûté le moins au prédicateur, répondit M. d'Amiens, est ordinairement ce qui coûte le plus aux auditeurs. »

Il demandait un jour à un de ces orateurs chrétiens qui ont plus d'esprit pour bien dire, que de vertu pour bien faire, s'il faisait ses sermons. Celui-ci parut surpris et en quelque sorte offensé, de ce que le prélat semblait le soupçonner de prêcher les sermons d'autrui. « Je vois bien, mon cher abbé, lui dit alors M. de la Motte, que vous ne prenez pas ma pensée ; je demande si vous faites ce que vous dites ? Voilà ce que j'appelle faire ses sermons. »

Un religieux venait de prêcher devant M. d'Amiens un discours qui se trouvait tout au long dans un livre nouvellement imprimé. Pendant qu'il débitait son sermon, un chien s'était mis à aboyer, et l'on avait eu beaucoup de peine à le faire taire : « Eh que ne lui laissait-on faire son métier, dit M. de la Motte, il criait au voleur. »

On complimentait beaucoup un prédicateur sur le sermon qu'il avait prêché. M. de la Motte, qui s'était aperçu que ce sermon avait été pris dans un auteur imprimé, et qui n'aimait pas qu'on se permît des plagiats aussi crus devant un auditoire instruit, se joignit à ceux qui félicitaient l'orateur, et lui dit : « Pour moi, je vous assure que je revois toujours ce discours avec un nouveau plaisir. »

Le saint évêque, dans sa vieillesse, avait la tête fort chauve. Un jour qu'il dînait chez un maréchal de France, ce seigneur, en le plaisantant sur le ton de l'amitié, lui conseillait de prendre une perruque. « Je voudrais auparavant, répondit M. de la Motte, savoir ce qu'en pense madame la maréchale. » La dame répondit, que la plus brillante perruque, à son avis, lui irait moins bien que son peu de cheveux. » S'il s'agissait de quelque disposition militaire, reprit alors le prélat, je ne voudrais prendre conseil que de M. le maréchal ; mais en fait de toilette, on conviendra que je puis m'en tenir à l'avis des dames. »

Dans une occasion où il avait été harangué par les corps de la ville, un ecclésiastique, doué du talent de la parole, et même prédicateur distingué, se tira fort mal du compliment qu'il était chargé de lui faire : on en paraissait étonné. « Et pourquoi s'étonner, dit M. de la Motte, qu'une langue accoutumée à la vérité se refuse au mensonge? »

Pendant un froid rigoureux, dont on voyait bien qu'il devait souffrir, dans l'usage où il était de ne pas s'approcher du feu, on lui conseillait de porter un manchon ou des gants. « Telles sont, répondit-il, mes conventions avec mes mains, qui sont mes deux fidèles servantes : je les nourris comme moi, mais je ne les habille point. »

M. de la Motte s'égayait quelquefois sur le compte de la médecine ; et le grand âge, auquel il était parvenu sans y avoir recours, semblait l'y autoriser. « Bien des gens, disait-il, ne comptent que les malades que la médecine guérit, et ils ont confiance en elle. Pour moi, qui compte aussi ceux qu'elle tue, je la redoute. »

Le supérieur d'une maison religieuse, où l'abstinence était de règle, lui représenta que sa maison était trop imposée aux décimes, parce qu'il était obligé de nourrir ses religieux en maigre, et que le maigre coûtait plus que le gras. « Je distingue deux sortes de maigre, lui répondit M. de la Motte : le maigre-gras et le maigre-maigre. S'il est question du premier, il coûte plus que le gras ordinaire; mais si voulez vous en tenir au second, suivant l'esprit de votre saint fondateur, il vous coûtera moins que le gras le plus ordinaire. Ainsi, ce qui vous paraîtrait une raison de demander une diminution de vos charges, m'en paraît une de les augmenter. »

Une personne de sa maison se trouva impliqué en justice dans une affaire de gros intérêt, qui faisait peu d'honneur à sa délicatesse, et de nature même à jeter des nuages sur sa probité. M. de la Motte, sans attendre le jugement, lui dit : « Mon cher, vous jouez trop gros jeu dans cette affaire : si vous la gagnez, vous n'avez plus besoin de moi; et si vous la perdez, je n'ai plus besoin de vous. »

Le saint évêque avait fait des reproches au prieur d'un monastère, accusé par un de ses religieux d'être fauteur d'un libelle périodique contraire à la pureté de la foi, qu'il introduisait dans son couvent. Le prieur chercha à se disculper en récriminant contre le religieux, qu'il accusait d'être un homme sans conduite et sans mœurs. « Que vous êtes donc à plaindre, mon révérend père, lui répondit M. de la Motte, d'être à la tête d'une maison où ceux qui ont des mœurs manquent de foi, et ceux qui ont de la foi n'ont point de mœurs! »

Quelqu'un, en entrant dans le jardin du prélat, qu'il vit bien garni de légumes, lui disait : « Je vois, monseigneur, qu'on préfère ici l'utile à l'agréable. — Point du tout, répondit M. de la Motte, c'est que je ne vois rien de plus agréable que l'utile. »

Un barbier maladroit l'avait coupé en le rasant, et se retirait après avoir reçu son salaire. M. de la Motte, sentant le sang couler sur son visage, le fit rappeler; et, en lui mettant dans la main une nouvelle pièce de monnaie : : « Tenez, lui dit-il, je ne vous avais payé que pour la barbe, voilà pour la saignée. » Le barbier voulait s'excuser, en disant qu'il avait rencontré un bouton. « Et vous n'avez pas voulu, reprit M. de la Motte, qu'il restât sans boutonnière. »

Une dame avait la fantaisie des belles tabatières, au point de dépenser beaucoup pour s'en procurer de toutes les espèces; quelqu'un lui en fit scrupule, comme d'un larcin fait aux pauvres. Un jour qu'elle rencontra l'évêque d'Amiens, elle lui demanda si malgré ce qu'en pensait un docteur, à son avis un peu sévère, il n'était pas permis à une femme de son rang, de se donner cette petite satisfaction. « Pour résoudre le cas, lui répondit M. de la Motte, il est bon de savoir de combien de nez la nature vous a pourvue. » La dame, qui, à cette fantaisie près, avait d'ailleurs la conscience timorée, lui dit que ce n'était pas par plaisanterie qu'elle consultait, et qu'elle désirait qu'il lui donnât une réponse sérieuse. « Il est vrai, madame, reprit alors le prélat, que je vous ai répondu par une plaisanterie, mais je vous ai répondu. »

Une autre dame lui exposait ses inquiétudes, occasionnées par les différentes décisions de différents casuistes qu'elle avait consultés sur l'usage du rouge. « Je vous entends, madame, lui répondit le saint évêque; les uns vous l'interdisent absolument; et ils vous paraissent bien sévères, je le crois : les autres vous le permettent sans difficulté, et vous les trouvez bien relâchés; cela est juste : pour moi, qui aime qu'en toutes choses on garde un juste milieu, je vous permets d'en mettre d'un côté. »

Tant d'esprit et tant de qualités aimables, jointes à tant de vertus sublimes, fixaient sur l'évêque d'Amiens l'estime et le respect de toute la nation. Les sentiments que Louis XV avait pour lui n'ont jamais varié, et ils allaient jusqu'à la vénération. Nous avons déjà remarqué qu'il ne l'appelait jamais que *son saint*. Il voulait qu'il dît une messe pour lui chaque mois, et c'était le vingt-cinquième jour. Toutes les fois qu'il le voyait, il lui parlait avec beaucoup de bonté, et se recommandait à ses prières. « Sire, lui répondit un jour le saint évêque, je prie tous les jours pour votre majesté, et c'est du fond de mon cœur que je demande à Dieu, pour elle, une grâce que je voudrais obtenir au prix de tout mon sang. Continuez de la demander, lui dit Louis XV, qui comprit fort bien de quelle grâce il voulait lui parler. »

Comme ce prince lui racontait les importunités qu'il essuyait lorsqu'il vaquait quelque riche bénéfice : « Bientôt, lui dit M. de la Motte, votre majesté aura à nommer à une abbaye pour laquelle on ne l'importunera pas. » Il parlait de celle de la Trappe dont l'abbé était à l'extrémité. « Vous avez raison, répondit le monarque, celui qui a cette abbaye la possède à titre trop onéreux pour qu'on s'empresse de la demander. » Quelques années après, la même abbaye ayant vaqué de nouveau, le roi demanda à plusieurs évêques qui se trouvaient à son lever, si elle ferait plaisir à quelqu'un d'eux. « Je l'ai déjà offerte, ajouta-t-il, aux abbés qui étaient hier à mon coucher, pas un seul n'en a voulu. Il n'y a que l'évêque d'Amiens à qui je me garderai bien de l'offrir, car il serait homme à me prendre au mot. »

La feue reine, modèle de vertu sur le trône, comme le saint évêque l'était dans l'épiscopat, eût désiré de le voir et de l'entendre plus souvent. Elle ne manquait pas de l'inviter à se rendre à Compiègne lorsque la cour y allait; et quelquefois elle l'y détermina, en détruisant les prétextes qu'il alléguait pour s'en dispenser; tantôt « qu'il n'avait pas d'habit court, et que les tailleurs d'Amiens n'en savaient pas faire à l'usage des évêques; tantôt qu'à son âge il n'était plus bon à rien qu'à figurer dans une collection d'antiques. »

« Tâchez, lui écrivait la princesse, de venir nous voir un petit moment; j'espère tout de vos prières; je m'y recommande particulièrement.— Pardonnez-moi, si je vous importune encore pour ce pauvre malheureux; je m'y intéresse d'autant plus qu'il me procure l'occasion de vous assurer combien je vous respecte et vous aime. »

Tous les premiers samedis de chaque mois, M. de la Motte disait la messe à l'intention de la pieuse princesse, qui lui offrait, pour ses honoraires, de petits présents, ouvrages de ses mains : c'étaient des maximes de piété qu'elle avait imprimées, des cordons d'aubes qu'elle avait tressés, des tableaux de dévotion qu'elle avait peints. « Je vous dois une extrême reconnaissance, lui écrivait le saint évêque, de l'accueil dont votre majesté m'a honoré. J'ose le lui dire; elle a soulagé la honte que j'avais de me montrer; et, en supportant ma surdité avec tant de patience, elle m'a enhardi de façon que, si je vis jusqu'à son premier voyage de Compiègne, je suis résolu d'y reparaître. » La princesse le faisait toujours asseoir en sa présence, ce qui lui faisait dire, qu'il était honteux d'avoir, comme les dames, tabouret chez la reine.

Un jour que le prélat se trouvait avec la famille royale chez la duchesse de Villars : « Je crois, mon vénérable, lui dit la reine, que vous devez voir, dans notre cour, bien des abus qui échappent à nos yeux profanes. Celui qui me frappe le plus, répondit le saint évêque, c'est de m'y voir moi-même, goûtant la consolation auprès de votre majesté, au lieu d'être occupé à la répandre parmi mes pauvres diocésains. Et l'habit court, reprit le Dauphin, croyez-vous que M. d'Amiens ne l'ait pas sur le cœur! — Il est vrai, monseigneur, continua le prélat, que j'ai sur le cœur, et que je trouve bien indigeste qu'on veuille nous faire déposer ici, *de par le roi*, l'habit que nous portons *de par Dieu*. »

Le Dauphin lui donna ensuite occasion de dire son sentiment sur d'autres abus relatifs à la résidence des évêques, et à la répartition, souvent injuste, des biens ecclésiastiques, qui élève certains favoris du sanctuaire à des fortunes qui deviennent des scandales entre leurs mains : « Savez-vous bien, mon saint, dit alors la reine à l'évêque, que, quand vous êtes avec mon fils, vous ne savez plus que médire, et que je commence à craindre qu'après avoir passé en revue les torts des gens d'église, vous ne veniez à vous rabattre sur ceux des reines ? Madame, reprit M. de la Motte, le plus grand tort que les reines puissent avoir, sera toujours de ne pas prendre, en tout, votre majesté pour modèle.

— Oh ! voyez donc, s'écria la princesse, ce que c'est que respirer l'air des cours ; ne voilà-t-il pas que l'évêque d'Amiens parle aussi le langage des courtisans les plus corrompus. »

Dans une autre occasion, la reine disait à M. de la Motte, que les évêques qui faisaient faire des prières publiques pour écarter les autres fléaux qui affligeaient leurs troupeaux, devraient bien en ordonner aussi pour obtenir la cessation du scandale occasionné par un déluge d'écrits licencieux qui inondaient la France. « Madame, lui répondit le saint évêque, si nous ne nous adressons pas à Dieu pour lui demander cette grâce, c'est parce que Dieu a chargé le conseil de Versailles de nous en faire jouir. — Voilà parler en évêque, reprend le Dauphin. Et bien ! demandez donc à Dieu la conversion de notre conseil. — Je me garderai bien, monseigneur, de lui demander la vôtre. — Il est vrai que, sur ce chapitre, je sais assez à quoi m'en tenir ; mais combien d'autres sur lesquels j'aurais besoin de conversion ! Ainsi ne craignez pas de prier pour moi plus que pour personne, quoique vous en dise la reine qui ne demande que pour elle. »

Dès que l'évêque d'Amiens paraissait à la cour, le Dauphin s'emparait de lui, pour ainsi dire, et ne voulait plus qu'il le quittât. Ce prince entretenait, comme la reine, une correspondance épistolaire avec le saint évêque. « Je vous prie, lui dit-il dans une de ses lettres, de ne jamais douter de mes amitiés, et de vous ressouvenir tous les jours de moi devant Dieu, j'en ai besoin. » Et dans une autre : « Rien de plus édifiant, ni de plus digne d'un pasteur tel que vous, que les soins que vous vous donnez. Je montrerai votre lettre au roi, qui entrera sûrement dans les mêmes sentiments que moi sur ce qui vous regarde. » La mort de ce grand prince, qui couvrit la France de deuil, fut un des plus grands sujets d'affliction que M. de la Motte eût essuyé pendant sa vie. Il voulut arroser de ses larmes la cendre de celui qu'il avait honoré comme l'appui de la religion ; il alla à Sens offrir le saint sacrifice sur son tombeau ; il pria la reine de lui accorder son portrait tel qu'elle l'avait fait tirer peu de jours avant sa mort ; et il reçut comme un riche présent de la Dauphine, un morceau du manteau de lit que le vertueux prince portait dans sa maladie.

La Dauphine partagea toujours les sentiments de son époux pour l'évêque d'Amiens ; et, après la mort du Dauphin, elle continua de l'honorer de son estime et de lui demander ses conseils. Nous ne pouvons nous empêcher de rapporter ici deux lettres également honorables et à la vertueuse princesse qui les écrivait, et au prélat digne de la grande confiance qu'elle lui marquait. L'une est en date du 11 mai 1766 ; et la seconde du 6 janvier 1767.

« C'est avec une vraie consolation, monsieur, que j'ai reçu votre lettre. Je ne craindrai point de vous ouvrir mon cœur, et de vous avouer que mon esprit est encore trop attristé pour pouvoir m'arracher du lit où j'ai vu presque expirer ce que j'avais de plus cher au monde. Mon cœur et mon esprit m'y ramènent sans cesse, et je vous avoue encore plus, c'est que je suis trop faible pour m'en défendre. Ce n'est pas pourtant que je ne pense souvent au bonheur dont il jouit ; hélas ! si je n'avais cette espérance, je n'aurais pu soutenir mon malheur. Je vous prie instamment, monsieur, de prier le bon Dieu pour moi, afin que ma douleur soit toujours selon sa sainte volonté, et qu'il me fasse la grâce d'en profiter pour avoir part un jour à ses miséricordes. Continuez, je vous prie, à me donner vos conseils, je me sens le plus grand désir de les suivre. J'ai remis à l'abbé Soldini un livre des offices que M. le Dauphin a fait; je ne doute pas qu'il ne vous l'ait déjà envoyé. Je vous prie, monsieur, d'être bien persuadé des sentiments d'estime et de vénération que j'aurai toute ma vie pour vous.

» MARIE-JOSÈPHE. »

« Si vous saviez, monsieur, la consolation que me donnent vos lettres, vous ne seriez pas si discret à attendre les occasions. Celle qui m'a procuré votre dernière a été bien consolante pour moi : les dispositions avec lesquelles mon fils (le dauphin) a tâché de s'approcher de la sainte communion, m'ont fait verser des larmes bien douces. Je tâcherai de profiter de vos avis pour lui. Dieu m'a mise dans le cas de la reine Blanche; j'ai le plus vif désir de l'imiter. Je sens combien je suis au-dessous d'elle, mais j'espère que le bon Dieu, malgré mon indignité, me donnera les forces et les talents nécessaires pour faire, de mes enfants, des sujets dignes de lui. L'aîné paraît pénétré de tout ce qui regarde la religion, et avoir horreur du vice. Je me flatte que son père et son frère ne l'oublient pas devant Dieu, non plus que moi et mes autres enfants.

» Quoique ma douleur soit toujours bien vive, et que la nature me fasse sentir, quelquefois avec force, la perte que j'ai faite, je ne me refuse à rien de ce que mon rang exige. Je tâche, autant qu'il m'est possible, d'être gaie quand je suis avec le roi ou mesdames. Mais, outre que cette gaieté n'est pas dans mon cœur, l'affaiblissement de mes forces m'en ôte aussi. Je vous assure que, depuis que j'ai commencé à être malade, je continue à prendre tel remède qu'on me prescrit. Tout ce que je demande au bon Dieu, c'est de profiter de la santé ou de la maladie pour le salut de mon âme et l'accomplissement de sa sainte volonté; c'est la grâce que je vous prie de lui demander pour moi. J'ai grand besoin des prières des saintes âmes. Vos avis et vos conseils, monsieur, seront toujours reçus avec empressement et reconnaissance.

MARIE-JOSÈPHE. »

La mort de cette vertueuse princesse, qui ne pouvait arriver dans des circonstances plus fâcheuses pour la religion et pour l'état, renouvela la douleur du saint évêque et y mit le comble. Il voulut, pour sa consolation, que l'abbé Soldini, confesseur de la dauphine, lui adressât un détail circonstancié des derniers moments de la princesse, qui mourut, comme son époux, avec la foi et tout le courage des saints.

Les dames de France, héritières des sentiments de la reine, leur mère, pour l'évêque d'Amiens, lui donnaient aussi, dans toutes les occasions, des preuves d'une estime distinguée, et qui allait jusqu'à la vénération. Un des évènements qui répandit le plus de consolation sur la vie du saint évêque, ce fut l'entrée de la plus jeune des princesses chez les carmélites, et surtout le courage avec lequel il la vit soutenir cette généreuse démarche. La maison de Saint-Denis, qu'il chérissait déjà comme son ancien supérieur, lui devint plus chère que jamais, depuis qu'elle posséda l'auguste et fervente carmélite. Il disait souvent qu'il n'allait jamais à Saint-Denis sans en rapporter le désir de devenir meilleur. Il ne parlait qu'avec admiration de ce dont il était témoin, et il en tirait de grands sujets d'édification pour les religieuses auxquelles il écrivait. Qu'il nous soit permis de placer ici quelques extraits de ses lettres sur ce sujet.

« J'ai fait le voyage de Saint-Denis, et j'ai admiré la conduite de madame *Louise*, à présent sœur Thérèse-de-Saint-Augustin.

» On la voit toujours la première à tous les exercices; et, ce qu'il y a de plus frappant, c'est son obéissance, son amour pour la pauvreté : elle est contente de tout; la voir est un sermon touchant.

» Il n'y a dans sa chambre, qui est comme les autres, que sa chaise de paille et le fauteuil du roi. Quelquefois il s'assied sur son lit, qui est une paillasse piquée, et le trouve dur; mais tout se tourne en plaisanterie.

» Ce qu'il y a de plus admirable en elle, c'est cette humilité qui la rend égale à toutes : elle demande la moindre permission avec la simplicité d'un enfant.

» On ne peut exprimer la joie, la gaieté, la simplicité et le courage de cette sainte princesse, aimant son état, et se regardant comme plus heureuse d'y être que de porter une couronne. C'est un miracle de la voir, dans les pratiques les plus austères, jouir de la force que n'ont pas celles qui, dans le monde, s'épargnent davantage; de la voir mener la vie des carmélites, sans adoucissement, avec une gaieté admirable, et se portant à merveille.

» Je suis revenu de Saint-Denis, mécontent de moi-même, avec la résolution de servir Dieu moins lâchement que par le passé. Je le dis, parce qu'en effet on ne peut voir cet exemple sans être animé à un service qui fait le bonheur de quelqu'un qui a tant sacrifié pour lui. »

Tandis que M. de la Motte s'édifiait ainsi des vertus de la princesse carmélite, la princesse, de son côté, admirait la sainteté, et s'estimait heureuse de recevoir les leçons d'un si grand maître dans la vie spirituelle. Il n'est personne qui ne fasse ici cette réflexion : que l'évêque le plus vénérable, et la famille la plus auguste et la plus vertueuse en même temps, s'honoraient également par leur estime et leur confiance réciproques.

Les princes et les seigneurs du plus haut rang, qui se piquent ordinairement d'imiter leurs maîtres, recherchaient avec empressement M. de la Motte lorsqu'il paraissait à Paris. Chacun ambitionnait la moindre relation avec lui, comme un titre honorable. Un seigneur, qui avait eu pour prison une citadelle située au diocèse d'Amiens, vint trouver le prélat aussitôt après son élargissement, et lui dit : « J'ai, monseigneur, une grâce à vous demander : chargez-moi, je vous prie, d'une petite commission pour Paris : que je puisse montrer un petit mot écrit de votre main, ma réputation sera rétablie. » Le saint évêque, dans la capitale même, était consulté par ce qu'il y avait de plus éclairé dans le clergé et de plus éminent en piété dans toutes les conditions. Il y était honoré du peuple, en la manière dont le furent toujours les hommes d'une sainteté extraordinaire et généralement reconnue. Il y reçut en différentes occasions les hommages les plus marqués de la vénération publique. On voulait le voir, entendre sa messe, communier de sa main. On le suivait dans les rues : les pères et les mères le montraient à leurs enfants; et, ce qui était fort remarquable dans une ville comme Paris, on se mettait à genoux pour recevoir sa bénédiction.

Pendant la tenue d'une assemblée générale du clergé à laquelle il assistait, il prêcha le panégyrique de saint Vincent de Paul dans l'église de Saint-Lazare, où il eut, parmi la foule brillante de ses auditeurs, les évêques et les autres membres de l'assemblée. Un des grands prélats du clergé de France (M. Languet, archevêque de Sens) écrivait à cette occasion : « Il nous enleva tous par son discours. Il s'est fait ici, en toutes choses, une grande réputation. Outre la sainteté qu'on lui connaît, et dont sa physionomie annonce la vérité, on l'a connu pour un des saints les plus aimables, et qui savent le mieux se concilier tous les cœurs. »

Un prince étranger, sur la seule réputation de M. de la Motte, se rendit à Amiens en 1772, tout exprès pour y faire connaissance avec celui dont il avait ouï parler comme de l'homme le plus respectable et le plus respecté qu'il y eût en France; et, après l'avoir vu, voici le témoignage qu'il lui rendit : « J'ai fait ma cour, à Amiens, à un prélat âgé de quatre-vingt-dix ans, dont le zèle et la ferveur nous surprendraient même dans un novice, et dont l'esprit, les grâces et la gaieté embelliraient la jeunesse la plus brillante. Il réunit à la fois l'avantage d'être le prélat de la plus éminente sainteté, et l'homme de société le plus charmant et le plus aimable. Il prête à la religion des charmes infinis. Tel qu'il est, il me paraît une preuve vivante, et dès-lors la plus convaincante, du bonheur qu'il y a de porter le joug du Seigneur. »

Au milieu de cette estime si générale et si justement acquise, le saint évêque savait conserver la modestie du vrai mérite et toute l'humilité du christianisme. Une de ses maximes était que, quand même la religion ne ferait pas un précepte aux hommes de l'humilité, ils devraient encore s'exercer dans la pratique de cette vertu, pour s'épargner la plupart des chagrins de la vie, qui ne viennent que de leur orgueil humilié. « Ecoutez beaucoup, écrivait-il à son homme d'affaires à Paris, et parlez peu sur ce qui me regarde. Il ne faut savoir ce qu'on dit de nous que pour tâcher de découvrir quelque défaut et le corriger. Le reste ne sert qu'à de vaines complaisances. Je vous l'ai dit plusieurs fois : nous devons retrancher les trois quarts, au moins, de ce qu'on nous dit d'avantageux de nous. Le monde nous loue pour la moitié de nos devoirs que nous faisons, et Dieu nous condamnera pour l'autre moitié que nous ne faisons pas. »

Nous avons déjà vu combien il avait d'éloignement pour les louanges; et l'on peut dire que la nécessité d'en entendre quelquefois était un vrai supplice pour lui. Je lis dans une de ses lettres : « Les compliments me font sécher d'ennui, et je ne puis les entendre sans remords. »

Par le même sentiment d'humilité, il ne voulait pas se prêter à ce qu'on tirât son portrait. Un peintre qui le lui avait dérobé sans qu'il s'en fût aperçu, et qui était content de son travail, vint le lui montrer, en le priant de lui dire son avis sur la ressemblance. M. de la Motte se regarda avec un sourire d'étonnement, et dit naïvement au peintre : « Vous vous adressez mal; je vous avouerai qu'il y a bien trente ans que je ne me suis servi de miroir. »

Toutes les marques d'attention ou de distinction qui

s'adressaient à lui, tout ce qui tendait à le faire remarquer et à le donner en spectacle, lui était insupportable. Il refusa plusieurs fois d'accepter des dédicaces que des auteurs voulaient lui faire de leurs ouvrages. « Je vous serais véritablement obligé, répondait-il à un homme de lettres qu'il estimait, de vouloir bien dédier votre ouvrage à saint François de Sales, et de ne penser nullement à moi qui ne mérite et ne désire que d'être oublié. Je vous le dis avec vérité, vous me ferez une vraie peine, tant ce qui me met au jour me contriste et me donne, ce me semble, de ridicule; tant je me crois fait pour l'obscurité. » C'est par erreur que le respectable auteur des mémoires sur la vie du prélat, a cru qu'il m'avait permis de lui dédier mon *Ecolier vertueux:* j'eus à la vérité son agrément pour faire imprimer la lettre, par laquelle il me demandait des détails sur la vie du jeune homme, son diocésain, qui est le héros de ce petit ouvrage; mais il ne me fut pas permis de le lui dédier.

La longue expérience de l'humble prélat, jointe à un discernement exquis, semblait ne lui avoir appris qu'à se défier de ses lumières. Il aimait à prendre conseil, et ne faisait rien d'important sans l'avis des ecclésiastiques qu'il avait jugés dignes de sa confiance. C'était sans la moindre peine qu'il faisait dans l'occasion le sacrifice de ses sentiments, pour adopter ceux des autres. Il n'y avait qu'un point sur lequel il se croyait dispensé d'écouter les remontrances qu'on lui faisait; c'était lorsque, dans sa vieillesse, on le conjurait de se ménager par un usage plus modéré du travail et des austérités. Il répondait à cela, qu'à l'âge où il était parvenu, en jouissant d'une bonne santé, il croyait que peu de gens au monde avaient droit de lui donner des avis sur ce qu'il avait de mieux à faire pour se bien porter et vivre longtemps.

S'il échappait à M. de la Motte quelqu'une de ces fautes que les plus justes ont souvent à se reprocher, il en faisait l'aveu avec la plus édifiante simplicité. Il ne cherchait aucun détour pour reconnaître une erreur ou pour avouer un tort. Il ne croyait pas non plus que ce fût compromettre sa dignité que de descendre jusqu'aux excuses, même vis-à-vis d'un inférieur. Un de ses curés, à qui il faisait des reproches très-bien fondés, entreprit de se justifier sur un ton si révoltant, que le saint évêque, dans un mouvement de vivacité, le renvoya avec indignation; mais, dès le jour même, il lui écrivit que, « sans rien changer à sa manière de penser sur l'irrégularité de sa conduite et sur son opiniâtreté à la soutenir, il se reprochait néanmoins le traitement humiliant qu'il avait fait subir à un prêtre, et qu'il lui en faisait ses très-humbles excuses. » Cette lettre fut pour le curé la matière d'un triomphe insolent auprès de ses paroissiens. Il porta l'audace jusqu'à en lire publiquement à son prône la partie qui paraissait lui être favorable, en supprimant celle qui l'établissait coupable. Ce nouveau trait d'impudence eût mérité d'être puni par une nouvelle humiliation; mais le prélat n'en fit pas même de reproche au curé, charmé de pouvoir expier un léger tort par un pardon généreux.

Dans les occasions où M. de la Motte croyait devoir parler de lui-même, pour repousser les compliments et les louanges, il ne le faisait jamais qu'en termes qui marquaient un vrai mépris de sa personne. Il n'était, à l'entendre, qu'un serviteur inutile, le dernier des évêques, et le plus grand des pécheurs : personne au monde n'avait autant besoin que lui que la miséricorde du Seigneur fût infinie. Et ce n'était point là de ces aveux équivoques d'une humilité d'ostentation, prête à se démentir, si on paraissait la croire sur parole. Ce qu'il disait de lui-même, il le pensait sincèrement, et il n'eût pas trouvé mauvais qu'on le dît et qu'on le pensât.

Dans un temps où des méchants, plus ennemis encore de la pureté de sa foi que de sa personne, affectaient de calomnier son zèle et ses vertus, et lui prêtaient, dans leurs discours et leurs libelles, les sentiments les plus opposés à la droiture de ses vues, il se contenta de dire : « je leur ai de l'obligation : les bonnes âmes qui me croiront tel qu'ils me supposent, prieront Dieu pour ma conversion; et d'ailleurs, ils me font grâce de tant de défauts réels que je me connais, qu'ils méritent bien que je leur pardonne de m'en attribuer d'autres sans raison. »

Enfin le saint évêque, dans l'excès de son humilité, se croyait si sincèrement inutile à l'Eglise, et indigne de l'épiscopat, qu'il fit les plus vives sollicitations pour qu'il lui fût permis de quitter son évêché. « Je ne vous le cache pas, écrivait-il à un ami, je médite ma retraite. Je ne voudrais pas que la mort me surprît dans l'épiscopat, mais dans la pénitence et l'humiliation, état qui convient à ma misérable vie passée et présente. »

Son projet, comme on le voit, n'était pas de couler des jours plus doux à l'ombre d'une agréable solitude. Il voulait se retirer à Sept-Fonts, et le voulait si sérieusement, qu'après avoir assisté à l'assemblée générale du clergé, qui se tint en 1755, il se rendit dans cette maison, se flattant que lorsqu'une fois il y serait, il trouverait moins de difficulté à faire agréer à la cour le dessein de s'y fixer. Il passa plusieurs mois dans ce désert, sans que les prières qui lui furent adressées au nom de toutes les villes de son diocèse, ni les lettres particulières qu'il recevait de tous les coins du royaume, eussent pu ébranler sa résolution, ni lui persuader qu'il fût, comme tout le monde le pensait, une des premières colonnes de l'Eglise de France.

« Il est vrai, écrivait-il à ce sujet, que plusieurs évêques me tourmentent, me damnent et m'accusent d'abandonner l'Eglise : cela fait pitié. Est-ce l'abandonner que de la mettre en meilleures mains? J'ai commencé hier ma soixante-quatorzième année. N'est-il pas juste que trouvant un successeur plus capable que moi du gouvernement, et qui a trente ans de moins, je passe le peu de temps qui me reste à vivre dans l'exercice de la prière, pour obtenir miséricorde? Je n'agis ni par dépit ni par chagrin ; c'est par le désir de me sauver, et la difficulté de le faire dans l'état où se trouve la religion. Je ne suis ni d'un âge, ni d'une science, ni d'une vertu à la bien soutenir. Je ne comprends pas ce qu'on veut dire quand on me reproche de fuir le combat ; car c'est le cri de la plupart de ceux qui m'écrivent. Je crois qu'il y a plus à endurer en se réduisant à la prière et à la pénitence, qu'à l'espèce de combat que nous voyons. Pourquoi se tourmente-t-on sur le motif de ma retraite? Si je me retirais à Avignon ou à Paris, avec une bonne pension sur l'évêché, on pourrait vouloir deviner; mais quelqu'un qui ne veut rien et qui se retire à Sept-Fonts, pour y vivre comme l'on y vit, ne devrait, ce me semble, donner à penser autre chose, sinon qu'il désire son salut. — Je veux être au-dedans du monastère avec un petit et très-petit logement, qui n'incommode personne. Tout me devient indifférent, hors les amis pour qui le cœur sera toujours le même. Mon crucifix, mes livres, ma cellule et l'église seront toute ma consolation. — Je ne soupire qu'après le bonheur d'être en solitude avec Dieu. Si j'ai bien fait mon devoir, je le demande en récompense; et si je ne l'ai pas fait, je le demande en pénitence. »

Le temps que M. de la Motte passa à l'abbaye de Sept-Fonts n'est pas l'époque la moins intéressante de sa sainte vie. C'était sans doute un spectacle bien édifiant que de voir ce vieillard vénérable, blanchi dans les travaux de l'épiscopat, et déjà canonisé par la voix des peuples, s'immoler à la fin de sa carrière à toutes les rigueurs de la pénitence. Il suivait tous les exercices des solitaires, il partageait leurs veilles et leurs travaux; il assistait à tous leurs offices, qui, à certains jours de fêtes, sont si longs, qu'il faut qu'ils les commencent à deux heures et demie de la nuit pour avoir le temps de les finir le soir. Il se rendait exactement aux conférences et aux autres exercices spirituels qui se font dans la communauté. Si on le priait d'y parler, il le faisait; et pour l'avantage de l'entendre, on l'en priait souvent. Il mangeait au réfectoire, et la portion des religieux; excepté que quatre fois la semaine on lui servait, comme on fait aux infirmes de la maison, une portion d'œufs et du riz au lait, adoucissement qu'il se reprochait comme une lâcheté, et qu'il n'acceptait que comme une sorte de pénitence que lui imposait l'abbé. Cette manière de vivre, au reste, n'était pas nouvelle pour lui; c'était celle qu'il avait toujours suivie pendant les carêmes, à Amiens et dans les différentes retraites qu'il avait faites tant à Sept-Fonts qu'à la Trappe.

Ces deux maisons respectables lui étaient également chères, et il y entretint toute sa vie les relations les plus intimes. Il ne s'y faisait rien d'important sans qu'il fût consulté. On mettait au rang des bienfaits du ciel le bonheur de l'y posséder; et sa présence, en effet, était capable d'humilier les plus fervents solitaires. Aussi, dans la résolution où était le saint évêque de se fixer à Sept-Fonts, l'abbé de ce monastère ne crut jamais devoir joindre ses avis particuliers au vœu général qui le rappelait à Amiens. « Il s'en faut bien, écrivait ce religieux, que je puisse parler d'un ton impératif, comme faisait saint Bruno à un évêque de Grenoble. Je m'estimerais heureux que M. d'Amiens voulût bien m'éclairer de ses conseils, bien loin de prétendre lui en donner ; le peu de séjour qu'il a fait ici a déjà renouvelé et ranimé tout le désert ; et ce n'est pas peu qu'après avoir combattu dans la plaine, il soit placé sur la montagne, pour nous apprendre à lever comme il faut les mains au ciel ! »

De son côté, M. de la Motte, à la Trappe ou à Sept-Fonts, goûtait toutes les délices de la solitude, sans presque s'apercevoir des rigueurs de sa pénitence ; il ne voyait que celle des saints solitaires qu'il avait sous les yeux : « Elle m'humilie jusqu'au néant, écrivait-il. Je connais des religieux dans cette sainte maison, qui sont des anges, et qui l'étaient même dans le monde ; mais ce qu'il y a de plus à admirer, ce n'est pas cette nourriture si mauvaise et si mesurée, ni toutes les peines du corps, veilles, travail et chant ; c'est, en vérité, l'obéissance et l'humilité. Il y a des religieux qui aimeraient mieux mourir que de se refuser à l'obéissance dans les moindres choses, aussi bien que dans les plus grandes, et qui, ne voulant que la miséricorde de Dieu, aimeraient mieux être accablés de mépris que de se justifier, lors même qu'ils n'ont pas le moindre tort. Leur modestie enchante partout, mais singulièrement au chœur où on les voit sensiblement pénétrés de la présence de Dieu. »

Le Saint évêque, pendant son séjour à Sept-Fonts, en s'ouvrant à des amis qui avaient le secret de son cœur, leur écrivait : « Je goûte le silence de la solitude, loin d'en souffrir. L'amour de la prière m'enchante. Dieu me fait la grâce de pouvoir suivre les veilles et les jeûnes. La pauvreté, loin de m'effrayer, me réjouit; je ne me soucie non plus de l'argent que de la paille. Plus je suis dans cette sainte maison, et plus je m'y attache; c'est un vrai paradis pour moi. »

Ce paradis cependant, dont on le regardait avec raison comme le plus grand saint, ne put pas être plus longtemps sa demeure. Ni ses sollicitations ni ses instances les plus vives, ni ses prières les plus touchantes, ni la démarche qu'il avait faite pour annoncer une détermination fixe, rien ne put engager Louis XV à lui donner un successeur. Ce prince dit hautement dans cette occasion : « Que sa conscience lui faisait un devoir de laisser sur le chandelier ce flambeau de l'Eglise de France. » Ainsi, celui que l'amour de Dieu avait conduit dans la solitude, en fut arraché par l'amour du devoir et la nécessité de pourvoir aux besoins d'un troupeau auquel l'autorité ne voulut pas donner d'autre pasteur. Ce sacrifice lui coûta infiniment; mais il n'est point de sacrifice que ne puisse commander une charité telle que la sienne. « J'espère, écrivait-il à un ami, que Dieu tournera à mon avantage le cœur de ceux qui gouvernent. Je ne sais encore positivement si, dans sa colère, il me veut évêque, ou si, dans sa miséricorde, il me permet de ne l'être plus. Je suis disposé à tout, comme on l'est à vivre et à mourir. »

Cette disposition l'ayant rendu à son diocèse, il y fut reçu avec des transports de joie proportionnés à la crainte qu'on avait eue de le perdre. On crut, en le révoyant, voir la fin d'une calamité. On avait sollicité son retour par des vœux et des prières, on le célébra par de solennelles actions de grâces. Le saint pasteur, de son côté, ne crut pas pouvoir mieux payer ce tendre attachement de son troupeau, qu'en s'appliquant avec un nouveau zèle à le sanctifier; et on le vit, à l'âge de soixante-quatorze ans, reprendre, avec toute l'ardeur de la jeunesse, les fonctions les plus pénibles de l'épiscopat. On le vit à la tête des missions et des retraites ecclésiastiques; on le vit officier et prêcher dans les paroisses et les communautés religieuses; on le vit parcourir les villes et les campagnes de son diocèse, réformant les abus, établissant le bon ordre, et fécondant partout ses touchantes instructions par la sainteté de ses exemples.

Ce ne fut qu'à quatre-vingt-dix ans, et après avoir représenté à Louis XV que l'exemple qu'il donnerait dans un évêque de son âge ne pourrait pas tirer à conséquence, qu'il obtint de ce prince, non pas encore qu'il agréât la démission de son évêché, mais qu'il lui accordât le coadjuteur qu'il demandait. L'abbé de Brantes, qu'il avait autrefois désiré pour son successeur, était mort; mais, depuis ce temps-là, le saint évêque avait formé dans l'abbé de Machault un sujet digne de sa confiance et de l'épiscopat. Ce fut celui qu'il proposa alors, préférablement à un neveu qu'il avait dans l'état ecclésiastique, auquel bien des gens pensaient, et que le roi eût sans doute agréé....

« Non, non, répondit-il à une personne de confiance qui l'entretenait des bruits publics à ce sujet, la chair et le sang ne me conduiront point dans cette affaire; et ce ne sera pas pour moi, je vous l'avoue, un grand effort de vertu. » Louis XV, en se félicitant de la nomination qu'il venait de faire, à la sollicitation de M. de la Motte, dit à Mme Louise :

« Il faut que le siége d'Amiens soit toujours occupé par des saints. Je me rappelle encore M. de Sabathier, qui faisait les fonctions de sous-diacre à mon sacre, c'était un grand homme de bien ; celui d'aujourd'hui est ún saint, et l'abbé de Machault lui ressemblera. » Ce jugement était d'autant mieux fondé, qu'il avait fallu ses ordres réitérés pour vaincre la profonde humilité du nouvel évêque, et le porter à un poste qui avait toujours effrayé M. de la Motte, mais qu'on n'occupe jamais plus dignement que lorsqu'on en redoute ainsi la hauteur.

La conclusion de cette affaire combla de joie le saint évêque, et lui attira les remerciements sincères de tout son diocèse. « J'espère, écrivait-il lui-même dans cette circonstance, que Dieu me fera miséricorde en récompense du choix que j'ai fait. Me voilà tranquille sûr ce point, à l'heure de ma mort ; je laisse un successeur qui vaut mille fois mieux que moi. » L'humble successeur n'en croyait rien, mais le prédécesseur, non moins humble, en était persuadé. Ce fut au mois de mars de l'année 1772 que M. de la Motte fit lui-même la cérémonie du sacre de son coadjuteur, avec toute la joie d'un homme qui se soulage et qui respire en se déchargeant d'un fardeau qui l'accablait.

Depuis ce moment, le saint évêque espéra, plus que jamais, d'obtenir son entière retraite après laquelle il soupirait toujours ; mais il paraît, par une lettre qu'il écrivait dans ces circonstances, qu'il songeait alors à se retirer à Saint-Sulpice ou à Saint-Lazare, craignant sans doute de ne pouvoir plus suivre les exercices de la maison de Sept-Fonts, parce qu'il avait les organes de la vue et de l'ouïe considérablement affaiblis.

Cependant, en attendant le moment de la Providence, et en le sollicitant tous les jours, M. de la Motte vivait avec son coadjuteur comme le père le plus tendre avec le fils le plus affectionné. On disait communément que les deux évêques n'en faisaient qu'un, quoique chacun en valût deux. Il y avait entr'eux communauté de biens comme uniformité de sentiments; ils ne possédaient que pour les pauvres; ils ne respiraient que pour la sanctification de leur commun troupeau; et le vieillard, entré dans sa quatre-vingt-douzième année, ne le cédait en rien pour le zèle à son jeune coadjuteur. C'est alors qu'on le vit, aussi actif qu'à la fleur de l'âge, se lever à trois ou quatre heures du matin, célébrer la messe tous les jours, donner tous les jours le même temps à la prière et au travail, vivre avec la même frugalité, passer le carême avec la même austérité, remplir, en un mot, tous les devoirs de l'épiscopat et de la vie chrétienne avec une ardeur toujours nouvelle. C'est à cet âge qu'il se portait partout où l'appelaient les besoins ou l'édification de ses diocésains, qu'il montait en chaire pour les instruire, qu'il prêchait la canonisation de sainte Chantal dans plusieurs villes de son diocèse, qu'il établissait l'adoration perpétuelle du saint Sacrement dans sa ville épiscopale, qu'il donnait le voile à des religieuses, ou recevait leurs vœux. C'est à cet âge, qu'après avoir donné dans Amiens une mission, qu'il appelait ses derniers adieux à son peuple, il en indiquait une autre en faveur de la seconde ville de son diocèse, mais que la mort ne lui permit pas de donner. C'est alors enfin, c'est à quatre-vingt-douze ans, et un mois avant sa mort, que toujours dévoré du zèle de la gloire de Dieu, il prit pour lui la tâche pénible d'un de ces actes de vigueur qui affectent toujours un grand âge, et dont une indisposition actuelle l'invitait encore à se décharger sur son coadjuteur.

Un de ses diocésains, habitant de la paroisse de Warloi, perverti par le commerce qu'il avait eu avec des protestants, avait fait une sorte d'apostasie publique de la foi catholique. Il affichait, depuis longtemps, un mépris audacieux des lois de l'Eglise et des remontrances de ses pasteurs. Il avait, au lit de la mort, refusé d'écouter son curé, et poussé le délire de l'impiété jusqu'à déclarer que sa dernière volonté était que son corps fût enterré au pignon de sa maison. M. de la Motte, consulté par le curé, l'autorisa, suivant les lois de l'état, à refuser la sépulture ecclésiastique à l'apostat; mais, à la requête de sa veuve, le juge séculier de l'endroit ordonna qu'il serait inhumé en terre sainte, ce qui, au grand scandale des fidèles, fut exécuté par le ministère d'huissiers et de recors. M. de la Motte ayant appelé de cette sentence, elle fut sur-le-champ cassée par arrêt du parlement de Paris, comme aussi irrégulière qu'elle était irréligieuse. C'est alors que le saint évêque, autant pour prévenir les fidèles contre la séduction de l'erreur, que pour réparer le double scandale qu'elle avait occasionné, crut devoir se transporter dans la paroisse de Warloi.

Là, au milieu d'un peuple innombrable attiré des villages d'alentour, par le désir de le voir ou par la nouveauté du spectacle, le vénérable vieillard monte en chaire, prononce un discours analogue à la triste circonstance, et fait ensuite la cérémonie de la réconciliation du cimetière profané; ce qui dura si longtemps qu'il n'arriva qu'à cinq heures du soir au château d'Hennencourt, où le marquis de Lameth l'attendait pour dîner. C'est ainsi que, jusqu'aux derniers instants de sa vie, le soin de son troupeau lui faisait oublier tout autre soin. Et, lorsque les personnes qui s'intéressaient le plus à sa conservation lui faisaient des reproches d'amitié sur les pieux excès de son zèle à l'âge où il était : « Vous ne voyez donc pas, leur répondait-il avec sa gaieté ordinaire, que c'est précisément parce que j'ai tant vécu que je ne dois plus rien ménager; j'ai si peu à perdre en perdant le petit reste de ma vie, que je serais honteux de me mettre aux petits soins pour le conserver. »

Jamais on ne vit de vieillard plus intéressant que M. de la Motte; son grand âge, sans laisser apercevoir aucune des faiblesses ordinaires à la vieillesse, ne servait qu'à concilier plus de vénération à ses vertus, et à donner plus d'empire à ses leçons. On ne s'apercevait pas que son esprit eût rien perdu de son enjouement et de sa délicatesse, et son cœur se montrait toujours également vif et tendre pour ses amis, également compatissant aux besoins des malheureux. Rien de ce qu'il avait vu pendant sa longue vie n'ayant échappé à sa mémoire, il eût eu, par cela seul, de quoi jeter le plus grand intérêt dans la conversation. Sa vieillesse même lui offrait une occasion habituelle tantôt de dire des choses honnêtes aux personnes qui l'approchaient, tantôt de les égayer, et souvent de les conduire, en riant, aux plus salutaires réflexions.

Un évêque de ses amis l'étant venu voir, il lui disait à son départ : « Restez encore un peu, monseigneur, je sens que depuis huit jours j'ai vécu ; je recommencerai à vieillir dès que vous serez parti. » En jouant sur le nom de l'ancien archevêque de Tours : « Malgré mon grand âge, lui disait-il, je suis toujours tout Fleuri. » Il ne voulait pas qu'on le plaignît des infirmités attachées à la vieillesse. « Quelle injustice, disait-il, de vouloir posséder le bénéfice sans les charges ! » Pour l'engager à se ménager davantage, on lui disait de songer à son grand âge. « Je m'en garderai bien, répondit-il, on ne songe qu'on vieillit que pour avoir droit de s'écouter ; pour moi je tâcherai de mourir sans vieillir. — Cette vieillesse, disait-il encore, est quelque chose d'indéfinissable : tout le monde désire d'y parvenir, et personne qui ne soit fâché d'y être parvenu. » On lui disait un jour que les papiers publics faisaient mention de quelques personnes mortes dans un âge fort avancé : « Vous voyez bien, répondit-il, que cette mort vient tout gâter : si l'on nous disait qu'un vieillard, à cet âge, se porte bien, à la bonne heure ; mais qu'on nous annonce qu'il est mort, ce n'est pas chose bien merveilleuse. » Quelqu'un lui faisait compliment sur ce qu'il était toujours également prompt et actif dans toutes ses opérations : « Pas en toutes, répondit-il, car je suis bien long à vivre. » Comme on lui parlait de sa santé et de sa bonne mine : « Il est vrai, dit-il, qu'assis, comme vous me voyez, je n'ai que soixante ans ; mais debout, je me sens dans mes quatre-vingt-douze. » Une grande raideur de reins l'obligeait, depuis quelques années, à se tenir fort courbé en marchant. « Voyez, disait-il, l'attention de la Providence ; elle me courbe peu-à-peu vers la terre, pour m'avertir que bientôt je l'embrasserai. » Quelqu'un prétendant que ce mal de reins n'était qu'un rhumatisme ordinaire, lui conseillait de faire des remèdes. « Je les ferais inutilement, répondit-il, parce que je connais le siége de mon mal. » On le pria de dire où il était : « Vous le trouverez, reprit-il, sur le registre des baptêmes de Carpentras. »

La pensée de la mort, que le saint évêque n'avait

jamais perdue de vue dans les autres âges de sa vie, l'occupait uniquement dans sa vieillesse. C'était, à son avis, le meilleur casuiste que l'on pût consulter; et souvent il y renvoyait les personnes qui lui demandaient son avis sur les affaires les plus importantes : « Faites comme je fais, leur disait-il : quand j'ai à nommer à un bénéfice, je me place entre l'extrême-onction et les prières des agonisants, et ce point de vue me donne de grandes lumières. »

Il parlait aussi volontiers de la mort qu'il y pensait souvent, et il en parlait comme d'une action ordinaire de la vie. Ce qu'il paraissait craindre plus que la mort même, c'était ce qu'il appelait le cérémonial de la mort. « J'espère, disait-il, que Dieu me l'épargnera : un beau matin, en ouvrant mon lit, on dira : *Il est mort* : je me serai éteint. Si je pouvais, disait-il encore, deviner le moment que prendra la mort pour me faire sa visite, j'irais m'enfermer dans mon séminaire, et je terminerais mon affaire, *incognito*, avec elle seule et mon confesseur. »

Voici comment il s'entretenait, dans l'âge de la décrépitude, avec les personnes de confiance auxquelles il écrivait : « C'est surtout aux gens de mon âge qu'il faut prêcher la ferveur. Il n'est que trop ordinaire, dans la vieillesse, de se relâcher. La nature et les amis ont plus de pitié naturelle que de vraie charité. Ne faut-il pas, à mesure qu'on est plus près du ciel, être plus empressé d'y entrer ?

» Je suis le plus ancien prêtre de mon diocèse, et le plus vieux des prélats du royaume. Je pense sans cesse à la mort, et, quoique ma vieillesse soit distinguée par les miséricordes dont Dieu l'accompagne, je souhaite souvent qu'elle finisse. Je vois, dans cette fin, une consolation singulière : c'est qu'après cette vie on n'offense plus Dieu.

« Ce que je fais à présent me tient en haleine et me garantit de la rouille. Je vous le dis tout bonnement, je ne fais pas d'excès; mais aussi je ne voudrais pas vivre dans une boîte et sur le coton. J'ai si peu à perdre en perdant ma vie, que ce n'est pas la peine de me ménager beaucoup.

» Il est vrai que ma santé est bonne, mais la vieillesse est elle-même une grande maladie, et nous menace sans cesse d'une mort prochaine. Je me regarde comme un criminel qui est dans les prisons sous bonne garde, et dont on instruit le procès; il a beau se bien porter, sa mort est prochaine, et il n'échappera pas. Tout cela roule sur quatre ou cinq ans de plus dont on peut se flatter. Ne nous occupons que de l'éternité, tout le reste n'est digne que de mépris.

« Quelquefois, disait-il, je compose en idée une assemblée bien nombreuse de papes et de rois, de princes et d'hommes célèbres, de parents et d'amis, que j'ai connus et qui ne sont plus; et, en me considérant seul vivant au milieu de cette multitude de morts, je m'étonne de ma propre existence. »

Dans un discours qu'il faisait à son peuple sur la brièveté de la vie : « Mes chers enfants, disait-il, je suis probablement le plus vieux de cette assemblée, et vous ne pouvez guère vous flatter de vivre plus longtemps que moi. Eh bien! croyez-m'en donc sur mon expérience; la plus longue vie est toujours une vie bien courte, puisque la mienne n'est pas un point de l'éternité. »

Enfin cette belle vie, cette vie aussi pleine de jours

que de bonnes œuvres, se termina par une douce et sainte mort. Au commencement du carême de l'année 1774, M. de la Motte fut attaqué d'un gros rhume qu'il regarda moins comme une maladie sérieuse que comme une légère incommodité; et, tout ce qu'on put obtenir de lui, à force d'instances, ce fut qu'il se permettrait les œufs et le poisson pendant le carême. Il commença à en faire usage pendant quelques jours; mais bientôt, se repentant de ce qu'il appelait sa lâcheté, et pour s'en punir, il reprit ses austérités ordinaires, auxquelles il ajouta, cette année, la privation du morceau de pain et du verre d'eau qu'il prenait les autres années pour sa collation, s'en tenant sévèrement au seul dîner, avec ses légumes grossiers et grossièrement apprêtés.

Son grand courage néanmoins le soutenait encore dans le malaise habituel qu'il éprouvait. Il disait tous les jours la messe; il écrivait ses lettres; il s'acquittait de ses exercices de piété et de tous les devoirs de l'épiscopat. Le 27 mai, il se sentit frappé d'une défaillance générale, qui alarma tout le monde, excepté lui. Depuis ce jour, ses forces se refusant à son zèle, il ne lui fut plus possible de célébrer les saints mystères, ce qui devint pour lui la matière d'un des plus grands sacrifices qu'il eût fait en sa vie; il demanda alors qu'on lui dît la messe dans la chapelle de l'évêché. Pour satisfaire la piété du malade, et lui épargner en même temps la fatigue du trajet, on disposa en forme de chapelle la chambre voisine de celle qu'il occupait, et on y dressa un autel sans le consulter. En voyant ce qu'on avait fait : « Vous m'humiliez beaucoup, dit-il, je n'aime point à prendre cette espèce de familiarité avec mon Dieu. » Sa plus grande consolation, lorsqu'il se vit dans l'impuissance de célébrer, c'était de pouvoir communier à jeun, pendant la messe qu'il entendait.

La diminution sensible de ses forces, qu'il éprouvait depuis quelques mois, lui avait donné un pressentiment de sa mort prochaine, qui tenait de la certitude.

Ainsi, en partant, le 14 de mai, pour aller faire à Warloi la visite pastorale dont nous avons parlé, il écrivait à son coadjuteur. « C'est ici mon dernier effort, plaise à Dieu qu'il lui soit agréable. » Et, peu de jours après qu'il fut de retour de ce voyage : « Je ne puis me cacher, dit-il à son confesseur, que cette maladie est ma dernière. » Plus le mal empirait, plus il montrait de paix et de sérénité.

Dans ses autres maladies, le désir de se rendre au plus tôt à ses occupations, lui faisait demander qu'on le laissât se guérir en repos; dans celle-ci, dont il n'espérait plus de guérison, il laissa sa porte ouverte, et reçut toutes les personnes qui voulurent le voir. Il parlait à chacun des choses qui l'intéressaient, et toujours de la manière la plus intéressante. Si l'on s'informait de sa santé, il éludait la question, ou il n'y répondait que pour donner à entendre que sa vie était la chose du monde qui méritait le moins qu'on s'en occupât. Sensible aux attentions des étrangers, à l'empressement de ses amis, aux soins de ses domestiques, il leur en marquait à tous sa reconnaissance, et toujours de la manière la plus touchante. Témoin de la douleur et de l'inquiétude de ses domestiques, il leur en faisait des reproches comme d'un attachement trop humain et peu chrétien, ce qui ne faisait qu'attendrir encore davantage ces bonnes gens sur le malheur de perdre leur bon maître. Toujours constant et aussi vif que jamais dans sa tendresse pour son troupeau, dans l'impuissance où il était d'agir pour lui, il pensait encore à lui, il aimait à parler de lui, il ne cessait de le recommander à Dieu.

Quel que fût son état, il ne laissa passer aucun jour sans payer fidèlement à Dieu le tribut des prières que l'Eglise impose à ses ministres. L'ecclésiastique qui le secondait dans la récitation du bréviaire lui faisait aussi ses autres prières et ses lectures ordinaires. Il était tellement ami de l'ordre, et si fidèle aux louables pratiques qu'il s'était imposées, que la veille même de sa mort il se fit encore faire la lecture de quatorze pages d'un traité de théologie. C'était la tâche qu'il avait remplie tous les jours depuis qu'il était évêque, afin de se remettre sous les yeux, au moins une fois par an, tous les principes de la théologie, et de pouvoir ainsi en faire, dans le besoin, une juste et prompte application.

Le malade, depuis le 27 mai, ne sortit plus de sa chambre; mais il ne tint le lit qu'un seul jour, encore ne fut-ce que par complaisance pour ses médecins, aux avis desquels il parut déférer davantage pendant cette dernière maladie. Sans avoir plus de confiance dans les remèdes qu'il n'en avait jamais eue, il les prenait cependant, en se rappelant le fiel et le vinaigre dont le Sauveur du monde fut abreuvé en mourant. « Je sais bien, disait-il, que tout cela ne me guérira pas; mais tout cela entre dans les vues de la Providence. On me blâmerait de résister aux ordonnances de la médecine; il faut s'y soumettre pour l'édification. »

Lorsque le danger parut imminent, on l'en prévint, comme il le désirait, et cette nouvelle ne l'affecta pas plus que si on lui eût parlé d'une affaire ordinaire; il ne fit rien de plus que ce qu'il avait coutume de faire, et il le fit avec la même tranquillité. Son profond respect pour la divine Eucharistie lui fit demander s'il ne pourrait pas différer sa communion en viatique, jusqu'au lendemain matin, afin de pouvoir la faire à jeun, comme il avait fait pendant sa maladie? Personne n'ayant osé lui assurer qu'il en eût encore été temps, il dit que dans ce cas il prendrait le parti le plus sûr, et en remerciant Dieu de la grâce qu'il lui faisait : « Hélas! s'écria-t-il; je ne suis pas digne des consolations de la religion! »

Le désir qu'il avait toujours eu de n'être pas en spectacle au moment de sa mort, il le témoigna de nouveau, et il eût voulu que personne n'eût été témoin de la cérémonie de son administration; mais sur la représentation qu'on lui fit qu'il convenait que son chapitre vînt s'en édifier, il n'insista pas davantage. Ce fut son coadjuteur qui la fit. Avant de sortir de la chambre du malade, il lui présenta le saint ciboire, et le pria de donner lui-même la bénédiction aux assistants qui désiraient la recevoir de sa main; il la donna, ne croyant pas devoir contester en ce moment; mais on s'aperçut que cet acte de complaisance coûtait infiniment à son humilité. Tous les témoins de cette triste cérémonie fondaient en larmes; le malade seul, possédant son âme en paix, jouissait, dans l'union avec son Dieu, du calme le plus profond. Une joie douce et sereine était répandue sur son visage, qui semblait déjà exprimer les traits touchants de la béatitude. On espérait, et l'on eût désiré que le saint vieillard eût fait entendre sa voix dans cette circonstance; mais, ne voyant plus alors que Dieu, dans le silence et le recueillement, il ne parla qu'à Dieu. On eût dit aussi qu'il craignait plus que jamais tout ce qui aurait pu le faire remarquer. Ne pouvant se dissimuler qu'il était l'objet de l'estime et même de la vénération publique, il était attentif à éviter tout acte extérieur capable d'augmenter encore une réputation qu'il croyait sincèrement ne pas mériter, et qu'il regarda toujours comme une erreur populaire.

Depuis qu'il eut reçu le saint viatique, il n'eut plus de pensées que pour le ciel, et ne s'occupa plus que de l'éternité. Il récitait continuellement des psaumes et d'autres prières les plus touchantes et les plus propres à édifier et consoler un mourant. Il ne parlait qu'à voix basse, concentrant en lui-même, autant qu'il le pouvait, les vives affections que son cœur éprouvait. Il paraît que les sentiments qui dominaient en lui, dans ces derniers moments, étaient surtout l'humilité, la résignation et la confiance en Dieu, du moins à en juger par quelques paroles qu'on lui surprit, et qu'il prononçait, croyant n'être entendu de personne, telles que celles-ci : « Ayez pitié de moi, Seigneur, selon votre grande miséricorde. Votre miséricorde ordinaire ne suffit pas pour faire grâce au plus grand pécheur de la terre, et je me reconnais pour tel. Oui, mon Dieu, je le dis, parce que je le pense, et je le pense parce que je le dois penser ; je suis le plus grand pécheur de la terre. — Mon cœur est préparé, Seigneur, mon cœur est préparé, mais que votre volonté soit faite, et non la mienne. — Je vous appartiens, Seigneur, je suis votre enfant, vous êtes mon père, *tuus sum ego.* » Cette dernière pensée, qu'il avait souvent lui-même suggérée aux mourants, paraissait le remplir de la plus douce confiance, et il s'y livrait avec un entier abandon.

Dans la matinée du dernier jour de sa vie, il demanda qu'on lui fît ses lectures de piété; il récita ensuite les petites heures de l'office divin, en suivant un ecclésiastique qui les lui lisait. Il passa ce jour, comme il avait passé la nuit précédente, sans trouver aucun repos que celui qu'il goûtait dans son union continuelle avec Dieu. Cependant, comme il conservait toujours sa présence d'esprit, on n'avait pas encore perdu toute espérance; on se flattait encore de la possibilité d'une guérison, lorsqu'en recevant l'extrême-onction, le vénérable vieillard, sans agonie, sans mouvement extraordinaire, sans altération même dans les traits de son visage, cessa de vivre, et rendit paisiblement son âme à Dieu le vendredi 10 juin 1774, à cinq heures du soir.

Cette nouvelle se répandit en un instant dans la ville et porta le deuil au sein de toutes les familles. Quoiqu'on eût tout lieu de prévoir cette perte, on ne pouvait en soutenir l'idée, et l'on était dans l'étonnement qu'un si grand homme et un si saint homme eût pu mourir. Il n'y avait personne qui ne crût avoir des raisons particulières de le regretter. Les uns pleuraient leur conseil; les autres, leur appui; les pauvres redemandaient leur père, et tout le troupeau son pasteur. Cette affliction néanmoins, tempérée par la foi, portait un caractère particulier : on ne pleure pas la mort des saints comme celle des autres hommes. « Il est dans le ciel, disait-on, il y est puissant; il le sera pour nous; il nous aimait trop pour nous oublier. » Chacun à l'envi s'empressait de raconter quelque trait édifiant de sa vie, dont il avait été le témoin ou le sujet. Les rues et les carrefours d'Amiens retentirent de ses louanges, tout le diocèse les répéta, et la France entière y applaudit.

Le testament du saint évêque fut aussi simple et aussi édifiant que l'avaient été toutes les actions de sa vie. Désirant d'être encore, après sa mort, au milieu des pauvres ses enfants, il demande qu'on l'enterre dans le cimetière public et au pied de la croix; et, si l'on met une pierre sur sa sépulture, il veut qu'on n'y grave que ces paroles : *Louis-François-Gabriel, évêque d'Amiens, se recommande humblement aux prières des fidèles.* Il laisse une succession très-bornée, et la laisse tout entière aux hôpitaux, aux maisons de charité ou aux pauvres des terres d'où il tirait ses revenus. Il donne peu de chose à ses domestiques, qu'il a, dit-il, gratifiés pendant sa vie, et il fait quelques petits présents de reconnaissance et d'amitié à son chapitre et à ses grands-vicaires.

Le corps resta exposé pendant trois jours dans la chapelle épiscopale, revêtu d'habits pontificaux. Ses traits n'avaient pas souffert la moindre altération; toutes ses vertus semblaient respirer encore sur son visage; et, au lieu de l'horreur naturelle qu'inspire la présence d'un cadavre, un doux sentiment de confiance et de respect conduisait auprès du corps du saint évêque. Jamais ses diocésains ne montrèrent mieux jusqu'à quel point ils étaient convaincus de la sainteté de leur pasteur. On fut obligé de poster une garde militaire à la porte de la chapelle, pour prévenir les accidents qu'aurait pu occasionner la foule qui s'y portait continuellement. On eut aussi grand soin de faire garder le corps, pour empêcher les pieux attentats qu'une infinité de gens méditaient sur les habits dont il était revêtu. Mais il fallut, pour satisfaire l'empressement du peuple en ce point, qu'on mît en pièces les autres vêtements qui avaient été à l'usage du défunt, et qu'on les distribuât par petites parcelles. Pendant tout ce temps, trois ecclésiastiques étaient continuellement occupés à faire toucher au corps, des linges, des habits, des livres de piété et d'autres effets. L'enthousiasme était général et passait des diocésains aux étrangers. Les officiers de la garnison allaient, avec la bourgeoisie, offrir un dernier hommage de leur vénération à l'homme de Dieu, et l'on voyait les soldats présenter religieusement leurs armes pour les faire toucher à son corps, dans la pieuse croyance qu'elles contracteraient par là une vertu protectrice dans les combats.

Contre ses dernières volontés, mais d'après le vœu public, le saint évêque fut enterré au milieu du chœur de sa cathédrale, et ses entrailles seulement furent inhumées dans le cimetière commun. On fit graver sur sa tombe l'humble inscription qu'il avait demandée, à laquelle néanmoins son coadjuteur fit ajouter ce verset de l'Ecriture sainte, dont on ne pouvait faire une plus juste application : « *Il fut chéri de Dieu et des hommes, et sa mémoire est en bénédiction.* »

L'inhumation avait été fixée au lundi 13 du mois. Pendant toute la matinée de ce jour, il tomba une pluie abondante ; mais vers les deux heures de l'après-midi, lorsque le convoi se mit en marche, la pluie cessa, tous les nuages se dissipèrent, et le soleil parut ; ce qui fut regardé comme une faveur du ciel, qui voulait que le serviteur de Dieu reçût tous les honneurs funèbres que l'on peut rendre à la vertu. Le corps fut porté processionnellement, et comme en triomphe, par les rues de la ville. Les habitants des campagnes les plus éloignées, bravant la pluie et le mauvais temps, s'étaient rendus à Amiens pour assister aux funérailles de leur père commun ; et, de mémoire d'homme, on n'avait vu une si grande affluence de peuple dans la ville. Tous les corps et toutes les communautés réunies ne formaient que la moindre partie du convoi. Partout où il passait, une multitude innombrable couvrait au loin les rues, les places publiques, et jusqu'aux toits des maisons. Au lieu de prier pour le défunt, chacun l'invoquait, et l'on se mettait à genoux sur son passage. Le bruit se répandit depuis, qu'il s'était opéré des miracles à son tombeau. Plusieurs personnes ont attribué à sa protection, les unes, des guérisons inespérées; d'autres, certaines grâces spéciales demandées au ciel par son intercession. Mais, quoiqu'il en soit de ces opinions et de ces bruits publics dont le fondement est toujours respectable, ce que nous connaissons bien certainement de M. de la Motte, cette vivacité de zèle pour la gloire de Dieu, cette ardeur de charité pour tous les hommes, cette union courageuse de tous les travaux de l'épiscopat avec toutes les austérités de la vie chrétienne; en un mot, cet ensemble de pures vertus, si constamment soutenu dans tous les âges et tous les instants de sa vie, nous offre, sans contredit, un des plus beaux et des plus grands miracles de la grâce, et après lequel on peut bien, sans encourir le reproche de vaine crédulité, en espérer et en solliciter d'autres par l'intercession du saint évêque. Aussi ses diocésains continuent-ils d'aller prier sur son tombeau, et plusieurs avec la ferme confiance qu'on priera un jour au pied de ses autels.

FIN.

www.ingramcontent.com/pod-product-compliance
Ingram Content Group UK Ltd.
Pitfield, Milton Keynes, MK11 3LW, UK
UKHW020120200726
13856UKWH00002B/639

9 782011 772978